AF346232

GEORGES LAHY

TEXTES DE LA KABBALE PROVENÇALE MÉDIÉVALE

SÉFER HA-ÎYYOUN

&

SÉFER MAÂYAN HA-ℏOKHMAH

Traduits de l'hébreu et annotés par Georges Lahy

Admata

LE LIVRE DE LA CONTEMPLATION

SÉFER HA-ÎYYOUN

סֵפֶר הָעִיּוּן

Présentation

Dans la région de la ville actuelle de Vauvert, autrefois Posquières, dans le Sud de la France, apparut aux alentours de 1230, au sein d'un corpus de petits traités, le *Livre de la Contemplation* pour lequel nous proposons ici une traduction originale, ainsi qu'un commentaire. On sait que cet ouvrage est issu des travaux d'un cercle kabbalistique, que l'on peut qualifier d'initiatique. Les écrits de ce cercle marquent le passage des anciennes mystiques des Palais, de la *Merkavah* et du Shiour Qoma, vers une mystique plus moderne bien connue sous le nom générique de *Kabbalah*. Il participe à la fondation de ce que l'on appellera la Kabbale théosophique.

Le *Séfer ha-Iyyoun*, le *Livre de la Contemplation*, ne révèle pas encore ce que sera véritablement le système de pensée particulier des premiers kabbalistes provençaux. Ses sources sont encore très ancrées dans la littérature des *Héikaloth* (Palais) et du *Shiour Qoma* (Mesure du Corps)[1].

On attribue trente-deux petits traités à ce Cercle. La plupart de ces travaux collectifs sont prêtés à un personnage vraisemblablement fictif. Une sorte de maître honorifique du Cercle le *Rabbi Ḥamaï* [רבי חמאי]. *Ḥamaï* est une épithète araméenne signifiant : visionnaire, voyant. De la sorte, on sait que les écrits commençant par « *Propos de Rabbi Ḥamaï* », appartiennent au *Cercle Iyyoun*. C'est le cas du *Séfer Iyyoun*, du *Séfer Mayan ha-Ḥokhmah*, d'un *Séfer ha-Yihoud* et surtout

---

[1] Voir mon livre : *Vie mystique et Kabbale pratique*. Même éditeur.

du célèbre *Séfer ha-Bahir*, qui, lui, révèle la véritable pensée kabbalistique du Cercle et que l'on peut considérer comme le premier texte allégorique de la théosophie de la Kabbale.

Les traités de ce Cercle ont circulé dans toute la Provence, la Catalogne et la Castille. Ils ont influencé nombre d'autres mystiques juifs. Le *Séfer ha-Iyyoun* est sans nul doute l'un des textes séminaux de la tradition mystique juive, il constitue avec le *Séfer Mayan ha-Ħokhmah* la pierre angulaire du *Cercle Iyyoun*.

Le *Séfer ha-Iyyoun* aborde la théosophie et la cosmologie ésotérique, à savoir comment se structurent les domaines intra-divins et extra-divins. Son impact sur la théologie fondamentale et sur la science spéculative a profondément influencé les mystiques espagnols de la seconde moitié du XIIIe dont, par exemple, Abraham Aboulafia qui connaissait très bien ce Cercle et se référait souvent au *Séfer ha-Iyyoun*. Aboulafia fait abondamment usage du terme « *îyyoun* » (contemplation) dans ses écrits, notamment pour mentionner sa méthode spécifique de « *iyyoun tsérouf ha-otioth* » (contemplation de la combinaison des lettres). Il fait mention des « *baâléi îyyoun* », les maîtres de la contemplation, qui ne sont autres que les membres de ce fameux cercle ésotérique initiatique provençal. Il y a une continuité de la pensée du Cercle *Īyyoun* dans l'œuvre d'Abraham Aboulafia, qui fait usage du Nom *Éhoui*, tétragramme spécifique de ce Cercle.

Les membres du *Cercle Îyyoun* se tournent vers la connaissance divine par l'expérience, dans le cadre d'une spiritualité propre. Ce qui les différencie des prophètes.

Le *Cercle Îyyoun* est issu de l'environnement familial du *Rabéd*, Rabbi Abraham ben David de Posquières[2]. Auquel

---

2 Certains chercheurs ne situent pas le *Cercle Iyyoun* en Provence, mais plutôt en Castille.

succéda son fils Rabbi Isaac ben David, dit l'Aveugle[3], qui fut la première figure littéraire importante de ce mouvement familial qui deviendra la Kabbale. On est sans doute là à l'origine du *Cercle Îyyoun*. Isaac fut remplacé par son disciple et neveu, Rabbi Asher ben David. Il semble être le dernier des kabbalistes provençaux. La chaîne dynastico-initiatique s'arrêta vraisemblablement là pour ce qui est de la Provence.

Contemporains d'Isaac l'Aveugle, les kabbalistes de Gérone en Catalogne avaient déjà repris le flambeau. Parmi les plus significatifs : Ezra, Azriel et Nahmanide. On peut supposer que le mouvement provençal a perdu de sa force seulement après deux générations en raison d'un petit nombre d'individus intrinsèquement liés. Mais il n'est pas impossible que ce premier cercle soit devenu beaucoup plus secret. En effet, ils affirmaient que leur enseignement mystique est une tradition ésotérique qui ne devait pas être rendue publique. Ce que ne respectèrent pas les kabbalistes de Gérone et motiva des réprimandes de la part du cercle provençal. Isaac l'Aveugle envoya une lettre à Nachmanide pour lui reprocher cette diffusion :

> *« J'ai entendu dire aussi des régions que vous habitez et des gens de Burgos qu'ils s'épanchent ouvertement à propos de ces choses, sur les marchés et dans les rues, en discours confus et étourdis, et de leurs paroles il ressort clairement que leur cœur s'est écarté du Très Haut et qu'ils commettent des ravages dans les vergers, alors que les choses sont unies comme la flamme est liée au charbon »*[4].

Ceci eut peu d'effet, car les enseignements kabbalistiques devinrent exotériques en Castille, alors que d'autres régions les transmirent avec plus de discrétion, d'autant que les

---

[3] Surnommé paradoxalement : *sagui nahor*, c'est-à-dire « riche en lumière ».
[4] Cité par Gerschom Scholem, dans Les origines de la Kabbale, Ed. Aubier-Montaigne, 1966 – page 417.

écrits du Cercle Îyyoun n'ont pas d'auteur désigné et sont tous anonymes.

סֵפֶר הָעִיּוּן

Séfer ha-Îyyoun

Livre de la Contemplation

Texte hébreu, traduction et commentaires

זה ספר העיון שחיבר רבי חמאי ז"ל ראש המדברים, על עניין הפנימיות, וגילה בו
עיקר כל מציאות הכבוד הנסתר מן העין אשר אין כל בריה יכולה לעמוד על עיקר
מציאותו ומהותו על דרך האמיתי כמות שהוא באחדות השוה, שבהשלמתו
מתאחדים עליונים ותחתונים, והוא יסוד כל נעלם וגלוי, וממנו יוצאים כל הנאצלים
מפליאת האחדות, וביאר רב חמאי כל אלו העניינים על דרך מעשה מרכבה ופי'
נבואת יזחקאל, וזה תחלת הספר על הסדר:

§ 1 - Ceci est le *Livre de la Contemplation*[1], qu'assembla le défunt Rabbi Ħamaï[2], le porte-parole, qui traite d'une question hermétique[3]. En lui se dévoile la réalité effective du *Kavod* caché, dont nulle créature ne peut appréhender la réalité et la nature. Tout ceci relate avec véracité que le *Kavod* caché est dans l'unité, sans distinction. Dans la perfection par laquelle s'unissent le supérieur et l'inférieur. Ce *Kavod*[4] est le fondement de tout ce qui est caché et manifesté, et de lui surgit tout ce qui émane de la merveilleuse Unité. Rav Ħamaï a expliqué tous ces sujets par la méthode de la *Māassé Merkavah* et de la Prophétie d'Ézéckiel, que la paix soit sur lui. Ceci est le début, selon l'ordre du livre.

1. *Séfer ha-Îyyoun* [סֵפֶר הָעִיּוּן], se traduit couramment par *Livre de référence*, car *îyoun* [עִיּוּן] signifie étude, réflexion, spéculation, théorie, mais aussi méditation. C'est dans ce dernier sens que les kabbalistes mystiques du XIIIe siècle utilisaient ce mot. *Îyyoun* est issu d'*âyin*, l'œil qui scrute et contemple. Mais également d'*âyin*, la source. Pour les mystiques, ce regard est tourné vers l'intérieur. Ainsi, dans la littérature ésotérique le mot *îyyoun* englobe l'ensemble des méthodes de la contemplation mystique.

2. Il n'est pas assuré que le Rabbi Ḥamaï ait véritablement existé, il est fort probable qu'il s'agisse d'un nom générique pour les kabbalistes de ce cercle provençal. En tout cas, il est désigné par « Chef des narrateurs (débatteurs) » [ראש הַמְדַבְּרִים]. Ce terme traduit ici par porte-parole, désigne la plus haute autorité dans la littérature rabbinique. Ḥamaï est une épithète araméenne signifiant : visionnaire, voyant. Dans la terminologie rabbinique la terminaison *aléf-yod* désigne celui qui s'engage dans une activité visionnaire ou contemplative. Cette qualification pourrait laisser entrevoir le grand maître de Vauvert, surnommé *Av ha-Kabbalah* (Père de la Kabbale) : Isaac l'Aveugle ou ses successeurs.

3. La question hermétique, עניין הפנימיות, *pnimiouth* peut aussi faire allusion à une technique de méditation.

4. Le *Kavod*, la Gloire, renvoie à la vision d'Ezéckiel, avec le Trône de Gloire et la mystique de la *Merkavah*.

יתברך ויתרומם שם הנאדר בגבורה, אשר הוא אחד מתאחד בכחותיו כלהב אש
המתאחד בגווניו וכחותיו מתאצלים מאחדותו כאור העין היוצא מתוך שחרות
שבעין, ונאצלים אלו מאלו כריח מריח וכנר מנר, שזה מתאצל מזה וזה מזה וכח
המאציל בנאצל ואין המאציל חסר כלום, כך הקב״ה קודם שברא שום דבר היה
יחיד קדמון מבלי חקר ובלי גבול בלא חיבור ובלא פירוד בלא שינוי ובלא נענוע,
והיה נסתר בכח קיום, ובשעה שהיה קדמותו מושכל קודם לכל הקדומים היוצאים
באצילות המתמצע והיה נעלם והיה אפשרי לעמוד בעצמו ולא היה כחו ניכר:

§ 2 - Béni soit le Nom majestueux en *Guevourah*[1], Il est l'Un, uni à Ses puissances[2], telle la flamme du feu unie à ses couleurs. De plus, Ses puissances émanent de Son unité, telle la lumière source qui jaillit de la pupille de l'œil. La puissance de l'Émanateur est dans ce qui est émané, cependant l'Émanateur se suffit à Lui-même.

Ainsi, le Saint, béni soit-Il, avant de créer quoi que ce soit, était l'Unique primordial, insondable et sans limite, sans structure et sans séparation, sans changement, sans mouvement, Il était caché dans une puissance stable. À l'époque où son antériorité était intelligible[3], avant que tous les éléments premiers n'aient émané, Il était caché et capable d'exister par lui-même, et Sa puissance était indiscernable.

1. Ici, la *Guevourah* ne désigne pas particulièrement la *sefirah*, mais la vigueur et la puissance en général.

2. Puissance et puissances sont la *koah* et les *Kohoth*. Le nom *koah* a une valeur de 28 כח, soit deux fois 14, valeur de la main, qui permet l'expression de la puissance et la manifestation.

3. « Intelligible » correspond à *mouskal* מושכל, un des fondements de la pensée kabbalistique de cette génération, et que reprendra largement Abraham Aboulafia : *Sekel, mouskal, maskil* : intellect (conscience), intelligible (conscientisation) et intellectuel, qui dans le cercle *Iyyoun* désigne un mystique ou un initié (conscient).

וכשעלה בדעתו להמציא כל פעליו נראה כבודו ונגלה כבודו וזיוו ביחד, ופי'
ידיעתו הוא בחמשה עניינים, ואלו הן

- תקון
- צרוף
- מאמר
- מכלל
- חשבון,

וידיעת אלו החמשה עניינים הוא מיוחד בענפי שורש התנועה המתגברת בשורש
שלשה עשר מיני תמורה, כיצד הוא התקון להוציא דבר במאמר ומאמר בדבר,
ומכלל בחשבון וחשבון במכלל, עד להעמיד כל הדברים במעיין השלהבת
והשלהבת במעיין עד אין חקר ואין מספר לאורה המתעלמת בתוספת החשך
המוסתרת וידיעת האחדות ועיקרו הוא זה החשך. והוא מבואר בכאן כמו שפירש
אותו ר' ישמעאל בן אלישע כהן גדול בלשכת הגזית:

§ 3 - Et quand surgit dans Sa *Daâth*[1] l'invention de Ses
actes, Son *Kavod* apparut. Son *Kavod* et sa radiance
apparurent simultanément. L'explication de Sa *Daâth* se
résume en cinq méthodes :

- *Tiqoun* (arrangement),
- *Tsérouf* (combinaison),
- *Maamar* (acronyme),
- *Miķlal* (somme),
- *Ḥeshbon* (calcul).

La connaissance de ces méthodes est réunie dans les cinq
branches issues de la racine de la vocalisation qui est
magnifiée par les racines de treize types de *Temourah*
(permutation). De cette façon le *Tiqoun*[2] diffuse la parole
dans l'acronyme et l'acronyme dans la parole, la somme
dans le calcul et le calcul dans la somme, jusqu'à installer
toutes les paroles dans la source de la flamme et la flamme
dans la source (pensée). Jusqu'à ce qu'il n'y ait aucune

investigation ni aucun nombre éclairé restant ignoré du côté obscur, occulte.

La connaissance de l'unité et de sa racine est cette Obscurité, et son explication est relatée ci-après. Ainsi que Rabbi Ishmaël ben Élisha, le Cohen Gadol, l'a expliqué dans le *Temple de pierres taillées* (B. Berakhot, 7a).

1. Dans ce contexte, *Daâth* semble précéder les dix *sefiroth*, c'est pour cela que *Daâth* reste en retrait des dix et n'est pas comptée dans leur structure. Si l'on considère que *l'Adam Qadmon* contemple son reflet et contemple ses dix *sefiroth* qui sont ses membres, dans ce cas, *Daâth* est la nuque. De plus, *Daâth* est hors du temps et l'espace des *sefiroth*, c'est pour ça que l'on peut la lire « *Daléth-Aâth* » : Porte du temps.

2. Le *Tiqoun* doit être utilisé ici dans son sens premier, qui est « arrangement », « structuration ». *Tiqoun* signifie aussi « réhabilitation », « réparation », mais dans l'idée de ré-arrangement. Le concept de réhabilitation des âmes et des Mondes apparaîtra bien plus tard dans la terminologie kabbalistique.

תנן אמר ר' ישמעאל, אותו היום היינו מצויין אני ור' עקיבא בן יוסף לפני ר' נחוניא בן הקנה והיה שם ר' חנינא בן תרדיון, ושאלתי לר' נחוניא בן הקנה ואמרתי לו, רבי הראני כבוד מלכו של עולם כדי שיתבאר ידיעתו בלבי כשאר פעליו. אמר לי בן גאים תא ונעסוק בעזקתא רבתא דחתימין בה שמיא וארארית"א שמיה, ובעזקתא דארעא דהיא אהו"י, ואראה לך הכל. נכנסתי לפני לפנים בהיכל הקדש החיצון, והוצאתי משם ספרו של ר' נחוניא בן הקנה הנקרא ספר היכלות, ומצאתי כתוב בתחלת הספר כך, אדיר בחדרי גדולה היושב על גלגלי מרכבתו בחתימת אהי"ה אשר אהי"ה ובעזקתא רבתא דחתימין בה שמיא אראית"א שמיה, סימן אֶחָד רֹאשׁ אַחְדוּתוֹ רֹאשׁ יִחוּד תְּמוּרָתוֹ אֶחָד יָחִיד וּמְיוּחָד יָחִיד מְיוּחָד אֶחָד, ובעזקתא דארעא דאהו"י שמיה, סימן אחד היה ויהיה יחוד, והמתמצע בין שניהם הוה, דבר דבור על אפניו. היה קודם שברא העולם, הוה בעולם הזה, ויהיה בעולם הבא, וסימנו פעל פועל יפעול:

§ 4 - Nous avons appris que Rabbi Ismaël a dit : « *Un jour nous nous sommes présentés, moi et Rabbi Âqiva ben Yossef, devant Rabbi Neḥonia ben ha-Qanah, Rabbi Ḥanina ben Teradion était là aussi. J'ai interrogé Rabbi Nehonia ben ha-Qanah, en disant : ''Rabbi montre-moi le Kavod du Roi du Monde, afin que Sa Daâth, ainsi que d'autres de Ses œuvres, clarifient mon cœur''. Il me répondit : ''Fils présomptueux, viens et scrute dans le grand anneau dans lequel est gravé le Nom, « Ararita »[1] est Son Nom, et dans l'anneau terrestre qui est « Éhoui »[2]. Je t'ai tout montré.* »

J'ai pénétré, face à face, dans le Saint Palais extérieur, et j'en ai extrait le *Livre de rabbi Nehonia ben ha-Qanah*, intitulé le *Livre des Palais* (*Séfer Heikaloth*). J'ai trouvé au début de ce livre la chose suivante : « *Le Majestueux (adir) siège dans une grande chambre sur les roues de sa Merkavah, scellée par Éhyéh asher Éhyéh, avec un grand anneau dans lequel est gravé le Nom Ararita, qui est Son Nom* ». Signifiant : « *Un, sommet de Son unification, sommet de Son unité, Sa permutation est Une* » ; individuelle, spécifique et Une. En outre, avec l'anneau de la terre *Éhoui*, qui est Son Nom, il signifie : « *Un il était, Un il sera* ».

L'intermédiaire entre les deux est Celui qui est : « *Une parole dite à propos* » (Prov. 25:11). Il était avant que le monde ne soit créé, Il est dans ce monde (*Ôlam ha-Zéh*) et Il sera dans le Monde à venir (*Ôlam ha-Ba*). Son signe est : Il œuvra, Il œuvre, Il œuvrera[3].

1. La spécificité du cercle *Iyoun* résidait, entre autres, dans l'utilisation de deux Noms sacrés : *Ararita* [אראריתא] et *Éhoui*. [אהוי], représentant l'en-haut et l'en-bas. Le Nom *Ararita* a souvent été malencontreusement sorti de son contexte et utilisé dans les grimoires et les pentacles. Il s'agit, pour le Cercle *Iyoun*, d'un important support de contemplation parce qu'il est le nom

des plans célestes unifiés. C'est un Nom secret du *Hashmal* de la vision d'Ezéckiel. Dans la hiérarchie de la *Merkavah*, *Ararita* correspond à « l'Ordre du Maître des mondes » et précède « l'Ordre de Métatron ». Ce nom est formé par les initiales de la formule : *Éhad Rosh Éhadouto Rosh Yihoudo Temourato Éhad* [אֶחָד רֹאשׁ אֲחָדוּתוֹ רֹאשׁ יְחוּדוֹ תְּמוּרָתוֹ אֶחָד], « *Un, sommet de Son unification, sommet de Son unité, Sa permutation est Une* » ou : « *Un principe unique, principe intime, qui retourne à Un* ».

Dans son livre *Guét haShémoth*, Abraham Aboulafia, qui connaissait bien le *Séfer haIyoun*, fait allusion à ce nom en ces termes : « *Sache aujourd'hui que ton Dieu n'est pas contenu en un lieu, il n'est ni dans l'espace ni dans le temps et ne peut être appréhendé. Car il est Un, au-delà de toute investigation, aucune recherche n'est possible en lui. Il n'a pas de corps. Il est la Cause de toutes les causes, il est Un unifié, car son Nom est unique. Il provoque des prodiges si merveilleux que personne ne peut les nier. Ce Nom se divise en Un, il est Un, et même quand il est divisé, les parties se résument à Un* ».

Dans le *Pardès Rimonim*, Moïse Cordovéro associe ce nom avec la *sefirah Kéter*. D'après lui, « *Un* » correspond à *Kéter*, « *unification* » à *Hokhmah* et « *unité* » à *Binah* ; « *Avec le nom Ararita qui est le Sceau des Cieux, il lui montra la réalité de Kéter, c'est-à-dire Arikh Anpin qui se révèle par l'intermédiaire de Binah comme nous l'avons détaillé précédemment. Et avec le Sceau Éhoui, il indiqua la Propagation. Et voici que ce nom se distingue du Nom Éhyéh de deux façons, car le Nom Éhyéh se réfère au mystère comme nous l'avons expliqué plus haut.* »

La valeur du nom **Ararita** [אָרְאָרִיתָא] est elle aussi importante et signale le *tiqoun* du *Olam ha-Ba* (Monde à venir). *Ararita* vaut 813, un seul verset de la *Torah* possède cette valeur, il s'agit de : *Vayomér Élohim yehi or vayehi or*, « *Et Élohim dit : Que la lumière soit ! Et la lumière fut* » (וַיֹּאמֶר אֱלֹהִים יְהִי אוֹר וַיְהִי־אוֹר:) (Genèse 1:3). Il s'agit bien là du *Tiqoun* de l'En-haut orienté vers le *Olam ha-Ba*. Cela se comprend avec le verbe être, *yehi* [יְהִי], qui est un futur (inaccompli) qui sert comme impératif (sera = qu'il soit). De la sorte, on pourrait aborder le texte de cette façon : "*Et Élohim dit : Que soit lumière ! Et sera lumière* », ouvrant par cela la quête de l'unité du *Olam ha-Ba*, par la permutation des 22 lettres du *Olam ha-Zéh*.

Le *Midrash Raba* (3,1) explique que ce qui donne la lumière, c'est l'ouverture des mots. Il rajoute (Bereshit Raba 3,6) que cette lumière « *ne peut illuminer le jour, car elle éclipserait la lumière du Soleil, ni la nuit, parce qu'elle a été créée seulement pour illuminer le jour. Alors où est-elle ? Elle est en réserve pour les justes dans le Olam ha-ba* ». Ceci explique le choix d'un verbe au futur (*yehi*), à l'inaccompli, qui, certes, peut avoir valeur d'impératif, mais aussi a valeur d'entrée dans le temps et le non-encore-accompli. Cela a aussi valeur d'infini, ce que porte moins l'accompli, comme ce qui est peut-être parfait, mais aussi défini et peut-être fini.

813 révèle deux autres liens notables. C'est tout d'abord la valeur de « *Har tavor* » (הַר תָּבוֹר), le mont Tabor, un mont sacré pour les Juifs et pour les Chrétiens. Le fait que la transfiguration messianique chrétienne ait eu lieu là, n'est pas sans raison, car la Transfiguration est un changement d'apparence corporelle du *Olam ha-Zéh*, pour d'une métamorphose révélant sa nature du *Olam ha-Ba*. L'autre expression correspondant à 813 est מלאכים ישמרו עליו « *malakhim yshmerou âlaïv* », « les anges veillent sur lui ».

2. Le Nom *Éhoui* [אהוי], est le Nom sacré scellant la terre et l'en-bas. Ce nom, obtenu en associant les lettres du Tétragramme *Yhwh* [יהוה] et celles du Nom *Éhyéh* [אהיה], est une pure création du cercle *Iyoun*. Le livre révèle que *Éhoui* est formé des initiales de l'expression : *Éhad hayah veyehih yihoud* [אחד היה ויהיה יחוד], « *Un il était, Un il sera* ».

Moïse Cordovéro dit à ce sujet : « *Dieu cache son Nom aux initiés dans le Nom Éhyéh et dans le Nom Yhwh, et c'est là le véritable Nom Éhoui* » (Pardès Rimonim 21:3). La particularité de ce nom, c'est qu'il possède une valeur de 22, il fait allusion aux vingt-deux lettres du *tiqoun* (de l'organisation) du *Olam ha-Zéh* (Ce monde-ci).

3. Les trois temps de l'œuvre sont une allusion aux trois temps du verbe être contenus dans le Tétragramme.

בזה הסדר הם מפורשים עיקר כל ההויות הנכללות בספר מעשה בראשית שהם עצות המתגלים מסתר עליון הנעלם הנקרא אומן, פירוש אב האמונה שמכחו האמונה נאצלת, והוא יתברך מתאחד בכחותיו ומתעלה ומתרומם מהם עד שאין סוף לרוממותו, והוא מיוחד באלו השלשה עשר כחות, ויש לכל אחד ואחד שם ידוע בפני עצמו, וכלם מעלתם זו למעלה מזו:

§ 5 - Dans ceci se trouve l'ordonnancement des explications de la racine de l'ensemble des existences (*havayoth*)[1], contenues dans le *Livre de la Maâsséh Beréshith*, qui sont le conseil de l'Enfermement Supérieur occulte, appelé ***Omén*** [אוֹמֶן][2], ce qui signifie « Père de la Foi » (*Av ha-émounah*)[3], de qui émane la puissance de la foi. Lui, béni soit-Il, est uni à ses puissances et est élevé et exalté par elles, par une expansion sans fin. Il est unique au sein des treize puissances.

Il y a, pour chaque puissance, un nom permettant de connaître son essence et toutes sont positionnées l'une au-dessus de l'autre.

1. Les existences, *havayoth* (הויות), *havayah* (הֲוָיָה) désigne l'être dans sa globalité. La particularité de ce terme, c'est qu'il est une permutation des quatre lettres du Tétragramme *Yhwh* (יהוה). Dans certains textes religieux, *havayah* remplace l'écriture du tétragramme. *Havayah* est l'existence, mais cela signifie aussi « commencer à être », ou encore être soi-même. C'est ce que Moïse à reçu lorsqu'il a demandé son Nom à Dieu : « *Mais aussitôt, comme l'épanchement prophétique n'était pas encore descendu sur Moïse, il fut pris d'angoisse jusqu'à ce que lui soit révélé le secret de l'être (havayah) et le secret du Nom unique Yhwh. C'est ce qu'il demanda en disant : « Mais ils ne me croiront pas »* (Ex. 4:1)*, jusqu'à ce qu'Il prolonge Son discours et qu'il lui fasse connaître le secret du Nom unique en ses essences (havayoth), Yhwh* » (Moïse de Léon - *Séqel ha-Qodésh*).

    On peut faire un lien avec le propos du Gaon de Vilna : « *L'aspect expansif est appelé havayah. L'aspect récepteur de la glorification venant de notre part est appelé "Son Nom"* ».

2. *Omén* (אוֹמֶן), comme *Amén* est relié à *émounah*, la foi. Le mot *omén* désigne un parent nourricier, un sustentateur. C'est sans doute pour cela que le livre l'interprète « Père de la Foi ».

Omén est la source des *sefiroth* et résume en un vocable leurs existences. C'est le nom le plus proche de la réalité de *l'Éin-sof*.

Dans le *Cercle Iyyoun* la relation entre *l'Omén* et la *l'Émounah* est issue d'une mention trouvée dans le *Séfér Yestsirah* (2:6) : *Âssah éth éino yésho* [וְעָשָׂה אֶת אֵינוֹ יֶשְׁנוֹ] : « *Il a fait de son néant (éin) son être (yesh)* ». Ainsi, *éin* est *yésh* et *yésh* est *éin*. De la sorte, *éin* (le néant) est nommé *Omén* (nourricié), lorsqu'il commence à être, à exister (*yésh*), il se nomme *Émounah* (foi). La Foi est l'espace de connexion primaire entre l'être et son néant. Par conséquent, la mention « amén » dans une prière, évoque cet espace où l'être et le néant sont un.

Ce mystère est contenu allusivement dans le *Livre des Nombres* (11:12) : « *Porte-le en ton sein, comme le nourricier (yisha ha-omén -* יִשָּׂא הָאֹמֵן*) porte un nourrisson sur l'Adamah que tu as juré à ses pères* ».

En général, dans le langage des kabbalistes, *Omén* désigne la *sefirah Kéter*, *Amon* (la foi) est la *sefirah Tiféréth* et *Amén* est la *sefirah Malkouth* : « Il n'existe rien qui soit nourri, (*amon* [אומן], *Tiféréth*), sans que n'existe le nourricier, (*omén* [אומן], (*Kétér*) et il n'existe pas de nourricier, (*omén*, *Kétér*) sans que quelque chose ne soit nourri, (*omén*). Que signifie le *amén* (*Malḫhouth*) ? C'est ce par quoi subsiste le *amon* (*Tiféréth*). (Jacob ben Shéshét - Méshîv devarim neḫhoḥîm). D'autres kabbalistes, comme Moïse de Burgos par exemple, associent plutôt *Omén* avec la *sefirah Ħokhmah* : « *Le mystérieux d'en haut caché (Ħokhmah) est appelé Omén, à savoir Père de la Foi (émounah), car par sa puissance la Foi est aimée devant Lui* ».

3. Le « Père de la Foi » est un qualificatif que les textes de la Kabbale associent souvent avec la *sefirah Ħokhmah* et le troisième sentier de la Sagesse :

« *Le troisième Sentier est appelé « Conscience sanctifiée ». Et c'est le fondement de la Sagesse primordiale (Ħokhmah Qadoumah) qui est appelé Émounah (foi) et Omén (sustentateur) car leur racine est Amén. Et c'est le Père de la Foi, car c'est à partir de lui qu'émane la Foi.* »

Dans son *Pardès Rimonim* (Porte 12), Moïse Cordovéro commente ainsi ce sentier : « *Le troisième Sentier est dit ''sanctifié''. Nous avons déjà expliqué à propos des deux Sentiers précédents que le premier qui est la Conscience du Merveilleux (sékél moufla) ressemble à l'Émanateur et que le second qui est la Conscience resplendissante (Sékél mezahir) ressemble à Kéter. Et ce troisième ressemble à Ħokhmah. C'est pourquoi il est dit ''sanctifié'' car toute Sainteté se réfère à Ħokhmah puisque l'ordre des dix premiers Sentiers suit l'ordre des 10 sefiroth [...] Il est également dit ''qui est appelée Émounah et*

Omén". Explication : la Foi (émounah) désigne Binah. Et cette Foi se nourrit de Ħokhmah. Ħokhmah c'est le sustentateur (omén) qui fait croître. »

1. הראשון נקרא חכמה קדומה,
2. השני אור מופלא,
3. השלישי חשמל,
4. הרביעי ערפל,
5. החמשי כסא הנוגה,
6. השישי אופן הגדולה הנקראת חזחזית, פירוש מקום מוצא חזיון החוזים,
7. השביעי נקרא כרוב,
8. השמיני נקרא גלגלי המרכבה,
9. התשיעי אויר הסובב,
10. העשירי פרגוד,
11. האחד עשר כסא הכבוד,
12. השנים עשר מקום הנשמות הנקרא חדרי גדולה,
13. השלשה עשר סוד המערכה העליונה הנקרא היכל הקדש החיצון

§ 6

1. La première est appelée Sagesse primordiale (*Ħokhmah Qadoumah*[1] - חָכְמָה קְדוּמָה).
2. La seconde : Lumière merveilleuse (*Or moufla*[2] - אוֹר מֻפְלָא).
3. La troisième : *Hashmal*[3] (חַשְׁמַל),
4. La quatrième : Brume[4] (*Ârafél* - עֲרָפֶל),
5. La cinquième : Trône de la clarté[5] (*Kissé ha-nogah* - כִּסָּא הַנֹּגַה),
6. La sixième est la Grande roue (*Ofan ha-gdolah* - אֹפָן הַגְּדֻלָה), qui est appelée *Hazhazith*[6] (חזחזית),

21

l'emplacement où les visionnaires trouvent la vision.

7. La septième est appelée *Kerouv*[7] (כְּרוּב),

8. La huitième est appelée Roues (sphères) de la *Merkavah*[8] (*Galgali ha-Merkavah* - גַלְגַּלֵי הַמֶּרְכָּבָה),

9. La neuvième est l'Air tournoyant[9] (*Avir ha-sovév* - אֲוִיר הַסּוֹבֵב),

10. La dixième est l'Écran[10] (*Pargod* - פַּרְגּוֹד),

11. La onzième est le Trône de Gloire[11] (*Kissé ha-Kavod* - כִּסֵּא הַכָּבוֹד),

12. La douzième est le lieu des âmes, qui est appelé Chambres de grandeur[12] (*Ĥadréi gdolah* - חַדְרֵי גְדוֹלָה).

13. La treizième est le secret de l'aire supérieure, appelée : Saint Palais externe[13] (*Heikhal ha-qodésh ha-ĥitson* - הֵיכָל הֵקֹדֶשׁ הַחִיצוֹן).

1. La *Ĥokhmah qadoumah* est la source de la Sagesse de l'*Adam qadmon*, on peut déceler cela par la *guématria*. En effet, *Ĥokhmah Qadoumah* - חכמה קדומה vaut 228, valeur de *étş ĥayim* [עץ חיים], l'Arbre de vie. De plus, les initiales des deux mots forment *ĥaq* חק, la Loi gravée.

   La *Ĥokhmah qadoumah*, la Sagesse primordiale ou ancienne, désigne la pointe du *Yod*, par qui le flux de l'Infinie Lumière initie le premier mouvement de la Sagesse, à partir de laquelle s'épanouissent les trente-deux sentiers de la Sagesse.

   La *Ĥokhmah qadoumah* correspond au troisième sentier de la Sagesse : « *Ce sentier est appelé Conscience sainte, car C'est le fondement de la Ĥokhmah qadoumah, appelée Amén et ses racines sont véridiques. C'est le Père de la Foi, car de son pouvoir émane la Foi.* »

2. *Or moufla* est l'expression du flux primordial issu de *Ĥokhmah*. *Moufla* [מופלא], signifie tout à la fois merveilleux, mystérieux et occulte. Le nom vient de *pélé* [פֶּלָא], merveille.

Ce nom est une anagramme de *aléf* [אֶלֶף], pour décrire son aspect premier et primordial, qui s'épanouit dans la multitude : *éléf* [אֶלֶף], mille. De plus, *pélé* désigne les 32 Voies de *Ḥokhmah* (Sagesse), dans l'introduction du *Séfer Yétširah* : « *Dans 32 merveilleuses (pélioth) Voies de Ḥokhmah …* ».

Cette lumière conduit à la pensée pure : « *Or moufla est une Lumière que l'on ne peut concevoir. Elle est unique et conduit à la Pensée pure. Et c'est vers elle que se dirigent la Lumière de la Science et la Lumière de l'Intelligence, car la Pensée se situe entre les deux* » (Pardès rimonim 12:1). « *Car lorsqu'il est dit qu'il s'agit d'une Lumière merveilleuse, notre intention n'est pas de dire que nous pouvons appréhender son aspect merveilleux et que c'est pour cela qu'il est dit d'elle qu'il s'agit d'une Lumière merveilleuse. Mais cela signifie qu'il s'agit d'une Lumière que l'on ne peut appréhender en rien dans ce monde. À tel point que, lorsque nous voulons comparer les sefiroth aux membres du corps, nous l'associons à une Pensée infiniment fine* » (Pardès rimonim 12:2).

Bien que citée en second, parfois *Or Moufla* désigne *Kéter*, car elle est dissimulée de tout œil. Mais l'appellation est aussi associée à *Ḥokhmah*, car elle est dissimulée de tout ce qui se trouve en dessous d'elle. Certains commentateurs réunissent les trois premières *sefiroth* sous l'appellation de Lumière merveilleuse.

La lettre *Laméd* suggère le mystère d'*Or moufla* : « *Le Laméd a la forme d'Or Moufla qui se dresse, comme une vision de l'esprit, car tout apparaît en elle. Et c'est son Sentier. Et Rabbi Shiméon, qu'il repose en paix, a expliqué à propos du Cantique des Cantiques que cette lettre se réfère à Binah* » (Pardès rimonim 27:15).

3. *Ḥashmal* apparaît dans le Livre d'Ézéchiel (Ézéchiel 1:4). Le *Talmud* enseigne que le *Ḥashmal* de la vision d'*Ézéchiel* est constitué avec les deux premières lettres de *hashoth* (mutisme) [חשות] et de *maleloth* (parlant) [מללות], pour signifier : silence parlant. Ce silence parlant est un chuchotement, *malḥash* [מלחש], anagramme de *ḥashmal*. Abraham Aboulafia dit : « *Car le Yod de Son Nom est un silence parlant (ḥashmal). C'est comme le nom d'un rabbi, que l'on imagine complètement des yeux, le voyant, sans être vu* » (Séfer ha-Oth). Pour lui, *Ḥashmal* est formé d'initiales : « *Métatron est le gardien (noter), Ḥashmal est le silence parlant, secret de Grizim et Êvel ; qui est une notariqa de Ḥokhmah, Shalom, Malḳouth, Levoush, etc.* » (Idem).

D'un point de vue mystique, le *hashmal* est le support de la vision de toutes les formes qui se trouvent sous le Trône de Gloire. Le *Talmud Haghiga* (13a) questionne sur le *Hashmal* : « *Qu'est-ce que le hashmal ? Ce sont les Hayoth (vitalités) qui parlent avec du feu* ». Ceci parce qu'il développe ici le mot *hashmal* comme l'abréviation de *hayoth ésh memalloth* [חיות אש ממללות] : « *Hayoth qui parlent feu* ». Par ces Vitalités (*Hayoth*) les Éléments sont créés et les Visions révélées. C'est l'expérience de la *Merkavah* d'Ézéckiel. Il est enseigné que parfois elles se taisent et que parfois elles parlent, d'où : *hash (hashah, se taire) mal (millel, parler)* : le silence parlant.

Le *Hashmal* est associé avec la puissance lumineuse des roues de la *Merkavah*. Dans cette mystique, cette lumière porte le nom d'*Orfaniel* [אורפניאל] (*Lumière de la face divine*, voir §8), dont la valeur 378 est identique à celle de *Hashmal*. « *De lui que sortent les Sérafim, Créatures de Feu qui parlent, Créatures cachées visibles et invisibles* » (Pardès rimonim 24:2).

Le *Hashmal* est la lumière de la perfection que l'adepte, représenté par Jacob, doit réaliser pour accéder au merveilleux (*moufla*) : « *Jacob était un homme parfait, et c'est à son image que se dresse le secret du Hashmal intérieur et supérieur qui est dissimulé et caché. Et il prit toutes les Lumières supérieures cachées qui émanèrent de lui. Et toutes ces légions prirent les Clefs de cette Lumière qui émana de l'intérieur du Hashmal. Cette Lumière en contient deux qui ne font qu'une. La première est une Lumière blanche qu'aucun œil ne peut dompter, c'est la Lumière qui est cachée pour les justes. La seconde Lumière est une Lumière qui brille ardemment d'une couleur rouge. Ces deux Lumières sont contenues ensemble et ne font qu'une* » (Pardès rimonim 24:6).

Le *Hashmal* correspond au quatorzième sentier de la Sagesse : « *Le quatorzième sentier est appelé Conscience de l'illumination. Il est appelé ainsi car il s'agit de l'Essence du Hashmal. Il se réfère aux secrets de la Sainteté et à leur nature.* »

4. L'*Ârafel* est la brume ou le brouillard qui drape la divinité : « *Le peuple resta à distance. Moïse s'approcha de l'Ârafel là où était l'Élohim* » (Exode 20:21). Ou encore : « *Nuée et Ârafel l'environnent. La justice (tsédéq) et l'équité (mishpath) sont la base de son trône* » (Psaumes 97:2).

Mishpath, l'équité est un attribut de *Tiféréth*, toutefois l'*Ârafel* est également associé à *Guevourah* : « *Rabbi Shiméon, qu'il repose en paix, a expliqué dans les Tiqounim que la Shekhinah du côté de Guevourah est appelée Ârafel. Le signe qu'il en est donné* est « *Moïse s'approcha de l'Ârafel là où était l'Élohim* », car Élohim se trouve du côté de la Guevourah. Il est expliqué ailleurs dans les Tiqounim qu'Ârafel se trouve du côté de Tiféréth. Il est probable que c'est lorsqu'elle se nourrit de Guevourah » (Pardès rimonim 23:16).

L'ârafel est le crépuscule de la Source de la Sagesse.

Il correspond au quinzième sentier de la Sagesse : « *Le quinzième Sentier est appelé Conscience durable. Il est appelé ainsi parce qu'il stabilise l'essence de la création dans l'Ârafel de Pureté. Les commentateurs disent que celle-ci est l'Ârafel du Sinaï. C'est la signification de : "je fis de la nuée son vêtement et de l'Ârafel ses langes" (Job 38:9).* »

5.   L'expression *Kissé ha-Nogah*, Trône de la *Nogah* (clarté) est représentative de la terminologie du Cercle *Iyyoun*. On le rencontre rarement, si ce n'est dans les citations tirées du livre de ce cercle. On connaît davantage le *Kissé ha-Kavod*, le Trône de Gloire.

Cet attribut concerne principalement la *sefirah Tiféréth*. La *Nogah* est un terme qui ouvre plusieurs dimensions. *Nogah* est la lumière de la contemplation mystique et des visions divines. Toutefois, *Nogah* est également le nom hébreu de la planète Vénus. Mais également le nom d'une puissante *qlipah*, capable d'illusionner les adeptes dans leur progression et leurs contemplations, en leur donnant le sentiment d'accès à des perceptions supérieures et d'états illusoires confortant leur ego. Ainsi, *Kissé ha-Nogah* est le lieu de stabilité de la lumière *Nogah*, sur lequel le Juste ou le Prophète ayant eu la capacité de traverser la *qlipah* et ses illusions, peut siéger. L'ego ne domine plus, car l'être véritable le chevauche.

6.   On peut traduire *Hazhazith* par « vision foudroyante », c'est l'éclat soudain de la lumière qui anime une vision. Le nom est issu de *hizayon* [חִזָּיוֹן], la vision. Il fait partie de la terminologie interne du *Cercle Iyyoun* et reste assez rare dans la littérature kabbalistique. On ne le trouve ni dans le *Zohar* ni dans les textes louarianiques. Le *Pardès Rimonim* le mentionne, mais surtout en référence au *Séfer ha-Iyyoun*. Moïse Cordovéro associe la vision foudroyante de la *Hazhazith* avec la *sefirah Netsah (Portique 1:7)*.

Toutefois, dans notre texte, cela fait directement référence au douzième sentier de la Sagesse, appelé « *Conscience du*

Bahir », tel que décrit par le *Rabad* de Provence dans son commentaire du *Séfer Yetsirah* : « *Ce sentier est appelé ainsi, car il est l'essence de l'Ofan (la roue) de Grandeur. Il est appelé ħaħazith (visionnaire), il élève la vision que le visionnaire perçoit dans une apparition* ». Cela confirme que les désignations et les descriptions des sentiers sont bien issues des premiers kabbalistes de Vauvert en Provence.

Moïse Cordovéro donne à *Ħazħazith* le sens de « contemplable » : « *Leur sentier est appelé Grande Lumière, que l'on nomme Contemplable (Ħazħazith), c'est-à-dire le lieu où se trouve la vision de ceux qui voient* » (Pardès Rimonim 27 :20).

7. On rencontre surtout le mot dans sa forme plurielle : *kerouvim*. Qui désigne une hierarchie angélique. Utilisé au singulier, kérouv est une monture céleste, support de la divinité ou de l'âme. En effet, les lettres racines de *kerouv* [כרוב] peuvent se permuter en « *rakav* » [רכב], le verbe chevaucher, qui forme le nom *Merkavah*. Le Psaume 18:11 fait se lien et mentionne la fonction du *kérouv* : « *Il (Yhwh) chevauche (rakav) le kérouv, et Il vole, Il plane sur les ailes de la Rouaħ* » [וַיִּרְכַּב עַל־כְּרוּב וַיָּעֹף וַיֵּדֶא עַל־כַּנְפֵי־רוּחַ׃].

    On sait aussi que les ailes du *kérouv* sont protectrices et qu'elles recouvrent l'Arche d'Alliance.

    Le *kérouv* est la potentialité d'envol spirituel, mais si la monture se pense supérieure à ce qu'elle porte, alors elle peut chuter. C'est pourquoi, dans le *Livre d'Ezéckiel* le *kérouv* est décrit comme un ange déchu : « *Par l'abondance de ton trafic, ton centre a été rempli de violence, et tu as péché ; et je t'ai précipité de la montagne d'Elohim comme une chose profane, et je t'ai détruit du milieu des pierres de feu, kerouv qui couvrait* » (Ezéchiel 28:16).

8. Dans l'introduction du *Séfer Heikaloth* attribué à Neħoniah ben haQana les Roues de la *Merkavah* sont associées aux noms *Éhyéh* et *Ararita* : « *Le Puissant, dans les Chambres de grandeur (Ħédri gdolah, voir la note 12 ci-dessous), siège dans les Roues (sphères) de sa Merkavah par le Sceau Éhyéh ashér Éhyéh et par le grand Sceau avec lequel furent scellés les cieux et dont le Nom est Ararita* ».

9. On peut comprendre l'expression dans le sens d'un mouvement subtil et agile de la *Rouaħ*. *Avir ha-sovév*, l'Air tournoyant, est une matière subtile spirituelle. L'allusion se trouve dans l'Ecclésiaste 1:6 : « *Elle va au sud, tourne (sovév) au*

nord, tourne (sovév), tourne (sovév), la Rouah. Sur ses tournoiements (svivotaï) revient la Rouah ».

10. Le *Pargod* est l'écran (ou rideau) devant le Trône de Gloire. Dans l'ancienne Gnose de la *Merkavah*, l'*Ârafel* et le *Pargod* ne s'étendent qu'au-dessous du *Hashmal*. Du *Pargod* se répandent les forces de la *Merkavah*, dont la plus haute s'appelle le *Nehar di-Nour* (Fleuve de feu - נְהַר דִּי-נוּר), duquel jaillissent en étincelles les âmes justes tissées dans l'Air tournoyant (*Avir ha-sovév*).

Le mot pargod [פַּרְגּוֹד] semble être une traduction araméenne de *Parokéth* [פַּרֹכֶת], il est possible que le nom vienne du perse *pardag*. Dans le *Talmud*, le *Pargod* désigne un rideau censé diviser l'intérieur et l'extérieur du monde céleste, telle une enceinte subtile. Derrière ce rideau, ou écran, sont perçues des voix informant l'adepte.

Dans la littérature des Palais, le *Pargod* est la demeure des âmes, ce rideau dissimule le Trône de Gloire aux mondes créés, il sépare les mondes divins et les mondes humains.

Métatron est associé au *Pargod*, dans ce cas il porte le nom de *Sandalfon* : « *Pendant que l'ange l'accompagnait, Moïse aperçut le feu immense que dégageait un ange du nom de Sandalfon. Une tradition nous apprend que Sandalfon séjourne au-dessus de ses collègues à une distance de cinq cents ans de marche. Il se tient derrière le* Pargod *qui cache le Maître, et il tresse à son Maître des couronnes faites des prières d'Israël. Quand le Roi sacré met ces couronnes sur sa tête, tous les vœux d'Israël sont exaucés, et toutes les légions célestes sont ébranlées* » (Zohar II 58a).

Le *Pargod* est un voile céleste bleuté qui occulte la *Shekinah*. C'est l'écran imperceptible sur lequel se projettent les formes instables que le mystique en quête porte en lui, c'est l'écran ou le miroir de la *Shekinah*.

On considère généralement que le *Pargod* est « *l'extrémité de toute chair* » mentionnée dans le récit de Noé (*Genèse* 6:13). C'est-à-dire qu'il marque la limite entre le mortel et l'immortel.

11. La divinité sur le Trône de Gloire est à la fois visible par ses reflets et invisible dans sa transcendance. Selon les *Hassidim* médiévaux, le Trône de Gloire est entouré de tous côtés par la flamme bleue du *Pargod*. « *Il est appelé Trône de Gloire, car c'est un Trône qui régit de nombreux Trônes* » (Pardès Rimonim).

La section *Séfer haMalboush* du *Séfer Raziel* décrit ainsi le Trône : « *Le Trône de Gloire, semblable à de la glace, est entouré par ses messagers, son archer et ses Ofanim de feu. Les peuples serviteurs tremblent dans la crainte et se couvrent les yeux. L'Adon crée un Pargod et un Ârafel autour de lui, afin de s'en draper tel un vêtement de tissu, demeurant sur le Trône caché et occulté. Ceux qui en sont dignes se présentent devant la lumière occulte, les secrets les plus profonds sont alors révélés. Les déclarations sont explicites et ne sont pas obscurcies par l'obscurité. Il n'y a rien de comparable à cela dans tout l'univers* ». Le Trône de Gloire est le siège de Présence divine, le lieu de la réintégration divine. Il est écrit dans le Premier Livre de Samuel (2:8) : « *De la poussière il fait lever le misérable, de dessus le fumier il élève le pauvre, pour les faire asseoir avec les nobles. Il leur donne en héritage un Trône de Gloire, car les piliers de la terre sont à Yhwh, et sur eux il a posé le monde* ».

Dans son *Shéqel ha-Qodésh*, Moshé de Léon donne sa définition du Trône de Gloire : « *Cette notion est le principe et le contenu du secret de la Foi, il est le principe véridique parce que ce degré est le secret de la religion et de la foi qui est appelé Torah orale. Le Trône est en effet la Torah orale et le secret de la Gloire est la Torah écrite. Puisque la Torah écrite correspond au secret du degré supérieur et [la Torah orale] procède du degré supérieur, de la même façon la Gloire, qui chevauche le Trône, est la Torah écrite. Quoi qu'il en soit, le secret de la notion de Trône de Gloire, c'est deux choses qui en sont une sans séparation. Et en vérité, tout est un, tel le secret de la lumière de la lampe : la lumière est sensible et intelligible et elle est une sans séparation. Tel est le secret du Trône de Gloire et tout est un et il ne faut pas mettre de séparation entre eux, car il s'agit d'un grand principe et de la racine de la Foi.* » (Traduction Charles Mopsik).

12. Les Ħédri gdolah sont les demeures des *neshamoth* (des âmes), c'est de là qu'elles viennent au monde : « *Ces chambres sont précisément les Chambres du Jardin d'Eden* » (Pardès Rimonim).

Ces chambres sont citées dans la description du huitième sentier de la Sagesse : « *Le huitième Sentier est appelé Conscience pacifique. Il est ainsi appelé, car il s'agit du caractère primordial n'ayant pour racine où résider que les Chambres de Grandeur qui émanent par l'Essence de son existence* ».

Si l'on suit la description du *Séfer Heikhaloth*, on peut supposer que ces chambres se trouvent dans les Roues de la Merkavah : « *Le Puissant, dans les Chambres de Grandeur, siège dans les Roues (sphères) de sa Merkavah* ». Cela suggère une imbrication où tout contient tout. Moshé Cordovéro dit que le pluriel « chambres », indique que chaque « Chambre contient sa voisine ».

« *Puissante, mystérieuse et révélée est notre puissance dans les Chambres de Gdolah* » (Séfer Or Yaqar).

13. Comme les douze autres puissances, le Saint Palais externe (*Heikhal ha-qodésh ha-ḥitson*) est l'une des expressions issues de la littérature des *Heikhaloth* utilisées par le Cercle *Iyyoun*. Cette dernière expression connaît peu de commentaires, car assez rare.

On peut supposer qu'il s'agit de l'esplanade sur laquelle se meuvent les âmes.

ואלו הי"ג כחות הם מתגלים כאחד מסתר עליון הנעלם הנקרא אומן פי' אב האמונה שמכחו האמונה נאצלת, והוא ית' קודם שברא שום דבר נקרא א"ל ר"ל חיזוק חזק שלא היה כחו ניכר, וכשהתחיל להמציא פעליו המציא שתי תוצאות תעלומה ותוצאות האמונה בהשואת האחדות והמהות שאנו רשאים להשיג מחקר בורא עולם זהו, דע שאדון כל העולם ית' שמו הוא אור חיים זך מזוקק כלול מזיו זוהר אור צחצוח שאינו מושג כלום, בהיר כדמות צורת נשמה שאין בה שום השגה כלל, והוא ית' שמו אע"פ שאינו מושג הוד יקרו, בשביל כבוד בריותיו עושה לו לעצמו דומיה כאילו היה גוף ממש, ובשביל כבודם של ישראל יש מלאך ממונה לפני הקב"ה שמברך בכל יום בשמם של ישראל, כדי שיקדש שמו של הקב"ה בכבוד קדושתם של דרי מטה:

§ 7 - Ce sont les 13 Puissances révélées simultanément par le Secret suprême occulté, appelé **Omén** [אוֹמֶן][1], c'est-à-dire « Père de la Foi » (*Av ha-émounah* – voir §5), d'où la puissance de la foi a été émanée. Et Lui, béni soit-Il, avant qu'il n'ait créé quoi que ce soit, était appelé *Él* [אֵל], c'est-à-dire « Force robuste » (*ḥizouq ḥazaq* [2] [חִיזּוּק חָזָק]).

Sa puissance n'était pas encore perceptible. Lorsqu'Il a commencé à inventer ses actions, il a composé les deux concepts du Mystère et de la Foi, dans l'équanimité de l'unité. Et l'essence qui nous en est allouée permet d'appréhender le Créateur du Monde. Sache que le Maître de la totalité du Monde, béni soit Son Nom, est une lumière vivante, pure et raffinée, contenant l'éclat du **Zohar** [3] [זוהר], lumière translucide imperceptible. **Bahir** [בָּהִיר] comme la ressemblance de l'âme, que nul ne peut percevoir. Et Lui, béni soit Son Nom, bien que la considération de son excellence (*hod* [הוֹד]) ne soit pas perceptible, afin d'honorer ses créatures, s'est doté d'une ressemblance, comme s'il s'agissait d'un corps bien réel (*gouf mamash*).

Pour l'honneur d'Israël, un ange a été délégué devant le Saint, béni soit-Il, qui bénit chaque jour au nom d'Israël, afin de sanctifier le Nom du saint, béni soit-Il, dans la Gloire de la sanctification de ceux qui demeurent en bas.

1. Pour comprendre pourquoi le *Séfer Iyyoun* souligne qu'**Omén** [אוֹמֵן] est **Av ha-Émounah** [אָב הָאֱמוּנָה] d'où sont issues les 13 puissances, il est nécessaire d'analyser la structure de l'appellation. Les quatre lettres d'*Omén* sont contenues dans le « *émoun* » [אֱמוּן] de *ha-émounah*. C'est le *émoun* [אמון] de la foi, de la confiance et de la fidélité.

   Lorsque l'on retire les quatre lettres du *Omén*, à l'intérieur du *Av ha-Émounah*, il reste les lettres : *Alef-Beith-Hé-Hé* [אבהה], ces trois lettres ont une valeur numérique totale de 13, allusion aux 13 Puissances « *révélées comme une* » (*ke-aḥad* [כְּאַחַד] : « *Révélées simultanément* »).

   13 est la *guématria* de *éhad* [אֶחָד], l'unité. De plus, *Alef-Beith-Hé-Hé* [אבהה] forment *ahavah* [אַהֲבָה], l'amour. *Ahavah* : *Alef-Hé-Beith-Hé* est un Tétragramme, dans lequel *Alef* et *Beith* tiennent lieu et place du *Yod* et du *Hé*. Et l'on sait que le Tétragramme vaut 26, soit 2 x 13.

Omén (אוֹמֶן) a une *guématria* de 97, identique à celle de *ben-Adam* (בֶּן־אָדָם), humain ou fils d'Adam. Ainsi, *Av ha-Émounah* établit l'unité entre *Yhwh* et l'humanité, par le biais de l'amour.

2. *Ĥizouq ĥazaq*, exprime la force sans faille du Nom divin *Él*. Cette expression, par sa *guématria* 246, est personnifiée par *Gabriel* [גבריאל], de même valeur. Cette force assure la « Vie éternelle » (*Ĥayim le-Netsaĥ* [חיים לנצח]), également de valeur 246.

3. « *Zohar* », écrit ici avec un *vav*, est un dégré supérieur de la Lumière qui se place au sommet de l'expérience mystique. *Zohar* signifie « brillance » ou « radiance », on le traduit couramment par « splendeur ».

    Moïse de Léon est le rédacteur d'un ouvrage majeur qui fait allusion à cette Lumière : *Le Séfer ha-Zohar*. Il est également l'auteur d'autres ouvrages dont les thèmes décrivent souvent ces différents degrés de la lumière. Il donne une définition du *Zohar* qui va dans le sens de celle du Cercle *Iyyoun*. Dans le *Traité des Palais*, le *Raqiâ* est décrit ainsi : « *Le souffle qui l'habite est appelé Zohar, car il ne se mélange à aucune autre couleur, c'est la substance qui ne se modifie jamais* ».

    Dans son *Ner Élohim*, Abraham Aboulafia la mentionne ainsi : « *Par conséquent, elle est une, parce que la Rouaĥ est la Rouaĥ ha-qodésh qui est unique et créée dans la lumière, c'est-à-dire par la parole, dans le Zohar, et tout a émergé d'elle.* »

    Le nom *Zohar* apparaît directement dans la Bible, dans le *Livre de Daniel* : « *Les mystiques resplendiront comme le Zohar du Raqiâ, et ceux qui auront enseigné la justice à la multitude, comme les étoiles, pour l'éternité* » (Dan.12:3).

    Pour la *Maâssé Merkavah*, le *Zohar* intègre l'expérience d'Ezéckiel : « *Je vois et voici une ressemblance comme le miroitement du feu. Miroitement de ses reins vers le bas : du feu ! Depuis ses reins vers le haut, c'est comme le miroitement du Zohar, comme une source de Ĥashmal* » (Ézéchiel 8:2).

4. « *Bahir* », il ne s'agit pas du *Livre du Bahir*, qui est une œuvre issue du Cercle *Iyyoun*, mais d'un autre degré de la lumière mystique, désignant la lumière subtile de l'âme.

    Par son nom le *Bahir* est une claire lumière, on traduit le nom par « clarté ». Abraham Aboulafia mentionne cette lumière dans son expérience de contemplatif : « *Puisse-t-il comprendre que ma Kabbalah était initialement comme la sienne, avant que les yeux du Séĥél ne s'ouvrent dans mon cœur. C'était un temps où je n'avais pas vu que le Bahir brillait autant dans les « cieux » (sheĥaqim) désireux du Nom. Mais dès que j'ai vu la lumière à la Lumière de l'Intellect (Or ha-Séḳhél), elle m'a fait passer d'un concept modeste à un concept glorieux. »* (*Séfer Or ha-Sékél*).

והקב"ה מיוחד בשבשעה מלאכים היושבים ראשונה במלכות שמים העליונים, ואלו הן אורפניא"ל תיגרא"ל דנרא"ל פלמיא"ל אסימו"ן פסכא"ל בוא"ל, ועליהם נאמר שרפים עומדים ממעל לו שש כנפים שש כנפים לאחד, והוא לשון מחנות שמסובבות פנים ואחור, והם נקראים נשמות, כדתנן בספר עצם לבנת הספיר, הקב"ה הוא נשמה לנשמה, שכל אלו הז' מחנות הם נקראים נשמה, ואדון הכל נשמה לזו הנשמה, והוא מתעלה במדת החסד ומתרומם עד שאין סוף לרוממותו, ועל כן אנו אומרים על השמים כבודו, זהו גוף השכינה:

§ 8 - Le Saint, béni soit-Il est unifié dans les sept anges siégeant en premier dans le royaume des cieux supérieurs (*shamayim ha-êlyionim*). Ce sont : ***Orpaniel, Tigrel, Danrel, Palmiel, Assimon, Pasqel, Boel*** [1].

Les concernant, il est dit : « *Des sérafim se tenaient au-dessus de Lui, et il y avait six ailes, six ailes pour chacun* » (Isaïe 6:2). Ceci fait référence aux camps qui l'entourent devant et derrière, que l'on appelle « *neshamoth* » (âmes), comme l'enseigne le *Séfer Étsém Livnath ha-Sappir* : « *Le Saint, béni soit-Il, est une âme pour l'âme* ». L'ensemble de ces sept camps est appelé « *neshamah* » (âme), et le Maître du tout est une âme pour cette âme. Il est élevé par l'attribut de la Bonté (*Ḥesséd*) et exalté jusqu'à l'infini de son exaltation. C'est pourquoi nous disons : « *Son Kavod (Gloire) est au-dessus des cieux* » (Psaumes 113:4), et c'est le corps de la *Shekhinah*.

1. Les sept anges sont issus du *Traité des Palais (dans les Arzé Lébanon)*. Chacun est préposé à l'un des sept trônes célestes :

   Orpaniel (אורפניאל) peut se comprendre *Or pné Él*, « Lumière de la Face divine ». Il fait allusion au Psaume 4:6 : « *Lève sur nous la lumière de ta Face, Yhwh !* ». Il est préposé au premier Trône céleste.

   Tigrel (תיגראל), « Excitation divine » ou « Sceptre divin », est préposé au second Trône céleste. Il veille aussi sur le mois de Sivan. Toutefois son véritable nom dans le *Traité des Palais* et dans le *Séfer Raziel* est **Tigrah** [תיגרה].

   Au troisième Trône céleste se trouve **Danrel**, dont l'orthographe est incertaine et pourrait être **Dandel.** Le *Traité des Palais* et le *Raziel* donnent : **Danhel** (דנהאל).

   Au quatrième Trône céleste se trouve **Palmiel** (פלמיאל), que le *Traité des Palais* place au cinquième Trône.

   Au cinquième Trône céleste se trouve **Assimon** (אסימון), que le *Traité des Palais* nomme **Assimor** (אסימור) et situe plutôt au quatrième Trône.

   Pasqel (פסכאל) est au sixième Trône céleste, mais le *Traité des Palais* le nomme **Psoker** (פסכר).

   Le préposé au septième Trône céleste est **Boel** (בואל) « Dieu en lui ».

   L'énoncé de ces sept noms montre qu'il faut toujours rester vigilant avec les noms d'anges et bien les vérifier.

   Dans le *Traité des Palais*, le premier firmament se nomme *Shamayim* [שמים], « cieux », comme c'est aussi le cas ici, ainsi que dans le *Séfer Raziel*, qui mentionne : « *Le premier firmament est appelé* **shamayim** [שָׁמַיִם]. *Dedans il y a des camps remplis de courroux et sept trônes sont préparés, sur lesquels sont assis les intendants. Autour, de tous côtés des camps, sont placés les anges. Ils obéissent aux hommes lorsqu'ils invoquent, et à tous ceux sachant élever et verser leurs libations en leur nom, ainsi qu'utiliser les signes aux moments adéquats lorsqu'ils prient, afin que leurs prières soient entendues et que leurs rites magiques réussissent. Au-dessus de tous ces camps d'anges, règnent sept intendants qui les guident pour chaque sorte d'affaire, afin que les anges s'activent et apportent le succès. Voici les noms des sept* *intendants assis sur les sept trônes : Orpaniel, Tigrah, Danhel, Assimor, Palmiel, Posker, Boel ».*

לאחר כך ברא הקב"ה דמות אחד בארבע יסודות כדמות אדם ממש, והם ד' מחנות שכינה, והם מיכאל גבריאל אוריאל רפאל, וכנויים חשמ"ל ערפ"ל כסא הנוגה ואופן הגדולה, מי"כ של מיכאל הם שבעים שמות, מ"ל של חשמל כמו כן ע' שמות, סימן סוד ה' ליריאיו, וזה שחלק הכתוב חש של חשמל ואל של מיכאל, וכשם שנעשים שום נעשה מהם חשא"ל, ר"ל חשות לאל כבוד.קול ורוח ודבר, קול היא החקירה, רוח הוא השכל הקבוע בלב, דבר הוא סוד הידיעה, ועל זה נאמר כמראה אדם עליו מלמעלה:

§ 9 - Ensuite, le Saint, béni soit-Il, a créé une apparence avec les quatre éléments, comme la ressemblance d'un homme réel (*Adam mamash*). Ce sont les quatre camps de la *Shekhinah*, qui sont : *Mikael, Gabriel, Ouriel, Raphael* [1]. Leurs surnoms sont *Ḥashmal, Ârafél, Kissé ha-Nogah* et *Ofan ha-Guedoulah*.

Le *Mik* [2] de *Mikael* correspond aux soixante-dix noms, le *mal* [2] de *Ḥashmal* correspond aussi au soixante-dix noms, signalé par : « *Le secret (sod) de Yhwh est pour ceux qui le craignent* » (Psaumes 25:14). Ainsi, il faut isoler le *ḥash* de *Ḥashmal* [3] et le *El* de *Mikael*, qui sont alors équivalents. Ils forment *Ḥashel* (חשאל), ce qui signifie « Silence de la Gloire de divine ». Voix, Souffle et Parole.

La Voix est l'investigation, le Souffle est l'intellect fixé dans le cœur. La Parole est le secret de la Connaissance. À ce sujet il est dit : « *Comme la ressemblance d'un homme situé au-dessus* » (Ezéchiel 1:26).

1. On peut noter que dans ces textes traditionnels, les quatre : *Mikael, Gabriel, Ouriel* et *Raphael*, ne sont jamais appelés anges. Ici, il s'agit de « camps » et d'éléments de la nature. Ils peuvent être aussi désignés comme « Prince de la Face ». Ils situent, dans ce livre, les puissances : 3, 4, 5 et 6, parmi les 13 (*Hashmal, Ârafél, Kissé ha-Nogah, Ofan ha-Guedoulah* – voir § 6). Les quatre camps sont aussi associés aux quatre fleuves sortant de l'Éden.

   L'allusion des camps se trouve également dans la disposition des tribus autour du tabernacle dans le désert, quatre camps de trois tribus chacun. Dans les *Portes de la Lumière*, Gikatilla écrit : « *Les fleuves représentent les quatre camps de la Shekhinah qui sont subordonnés à Adonaï, le plus bas niveau de l'unité divine* ». Il ajoute : « *Et l'attribut Malkouth introduit le secret de la séparation du monde "en quatre têtes". C'est le mystère des quatre camps, à partir desquels, tout est distribué aux créatures d'en haut et d'en bas, au monde des anges et à leurs équivalences célestes et terrestres, par le mystère des quatre têtes (Mikael, Gabriel, Ouriel, Raphael)* ».

   Ces quatre constituent la *Merkavah*, objet de la vision d'Ezéchiel. Le *Séfer ha-Zohar* répartit les quatre selon l'orientation des *sefiroth* : au Sud (*Hesséd*) Mikaël, au Nord (*Guevourah*) Gabriel, à l'Est (*Tiféréth*) Raphaël, à l'Ouest (*Malkhout*) Ouriel. Parfois *Ouriel* s'appelle *Nouriel*.

   Avec Abraham Aboulafia, les quatre camps de la *Shekhinah* forment un important support de méditation : « *Ensuite, il doit laisser le livre, fermer les yeux et orienter son esprit. La première visualisation consiste à se représenter les quatre camps de la Shekinah entourant le Tabernacle et quatre bannières précieuses, dans une forme circulaire entourant le cinquième, celui des âmes, qui est un drapeau dans le drapeau du camp des lévites d'Élohim. Ce sont tous les drapeaux précieux dans Son Nom.* » (*Hayyé ha-Olam ha*Ba).

2. Les trois premières lettres de *Mikael* : *Mik* (מיכ) ont une valeur de 70, tout comme les deux dernières de *Hashmal* : *Mal* (מל). Qui est aussi le nombre de « sod » (סוד), le secret, d'où la citation du verset du Psaume 25.

3. Bien qu'il désigne simplement l'électricité en hébreu moderne, le *Ḥashmal* est un concept mystique très fort. À partir des indications du *Talmud*, tous les grands textes de la Kabbale interprètent ce terme dans le sens du « silence parlant ».

Par exemple, dans son *Or ha-Sékhél*, Abraham Aboulafia écrit : « *Tu peux comprendre le secret des expressions ḥayoth et ésh, qui sont parfois silencieuses (ḥashoth [חָשׁוֹת]) et parfois parlantes (memaloth [מְמַלְלוֹת]). C'est le Ḥashmal. Ḥash [ח"ש] est un mouvement rapide et mal [מ"ל] est un arrêt de mouvement. De plus, ḥash [ח"ש] est silencieux et symbolise le calcul (ḥéshbon [חֶשְׁבּוֹן]) et la pensée (maḥshavah [מַחְשָׁבָה]). Mal [מ"ל] est loquace et symbolise les mots (miloth [מִלּוֹת])* ».

וְעוד סימן חשמל ח' חכמה ש' שלום מ' ממשלה ל' לבוש,

- חכמה דכתיב והחכמה מאין תמצא,
- שלום דכתיב עושה שלום במרומיו,
- ממשלה דכתיב המשל ופחד עמו,
- לבוש דכתיב הוד והדר לבשת,

וזהו שכתבו רז"ל בחגיגה חשמל הוא שלש מאות ושלשים ושמונה מיני מאורות והפחות שבכולן כזיו גלגל חמה, ואיכא דאמרי שע"ח כחשבונו, וזהו שכתוב בספר מעין החכמה, טוב ומטיב והכל לו זאת ראשית תחלת פעלו שש מאות ועשרים הם ראש מלולו, שסימנו כתר, והוא לשון המתנה, הרי פירוש מיכאל וחשמל, והוא ענין אחד הנקרא יסוד המים, הרי המחנה האחת:

§ 10 - De plus, **Ḥashmal** signale : *Ḥéith* de *Ḥokhmah* (sagesse), *Shin* de **Shalom** (paix), *Mém* de *Mémshalah* (domination) et *Laméd* de *Levoush* (habillement)[1].

- *Ḥokhmah*, dont il est écrit : « *Mais la Ḥokhmah (Sagesse), où la trouvera-t-on ?* » (Job 28:12).
- *Shalom*, dont il est écrit : « *Il maintient la paix (Shalom) dans ses hauts lieux* » (Job 25:2).

- *Mémshalah,* dont il est écrit : « *La domination (meshél) et la terreur sont avec lui* » (Job 25:2).
- *Levoush,* dont il est écrit : « *tu es habillé (lavashta) de splendeur et de majesté* » (Psaumes 104:1). Nos maîtres, de mémoire bénis, ont écrit dans la *Haguigah* : « *Le Hashmal représente <u>trois cent trente-huit</u> catégories de lumières, la plus petite de toute est comme l'éclat de la sphère solaire. En outre, certains mentionnent que 378 correspond à sa valeur* »[2].

Ainsi qu'il est écrit dans le *Séfer Mâyan ha-Hokhmah* : « *Le bien, le mieux, le tout sont pour Lui* ». C'est le début de son action : 620 [3] sont le début de son énonciation, que symbolise *Kéter,* le don du langage. Telle est l'explication de *Mikael* et *Hashmal,* constituée par un concept appelé *Yessod ha-mayim* (élément Eau). Tel est le premier camp.

1. Les quatre lettres de *Hashmal* (חשמל) constituent la notariqa (abréviation) de *Hokhmah, Shalom, Mémshalah Levoush.* Dans son *Guét ha-Shémoth,* Abraham Aboulafia reprend cette *notariqa,* avec une différence notable pour le *Mém* : « *Hashmal est le silence parlant, secret de Grizim et Êvel, qui est une notariqa de Hokhmah, Shalom, Malkouth, Levoush, etc.* ».

2. Le *Talmud Haguigah* ouvre ici un champ d'étude dont le but sera de trouver le lien entre 338 et 378 valeur de *Hashmal* (חשמל). On peut noter que 338, s'écrit avec trois lettres de *Hashmal* (חשמל) : *Shin, Laméd* et *Heith* (שלח), sans le *Mém* de la *memshalah,* ou de la *Malkouth* selon Aboulafia, mais surtout *Mém* de *Mikael.* Le nombre 338, s'écrit של"ח et se lit *shalah* (שָׁלַח), « envoyer ». De plus, 338 est la valeur de *levoush* (לְבוּשׁ), le vêtement. C'est encore la valeur de « *Lavan ha-arami* » (לָבָן הָאֲרַמִּי), Lavan l'araméen, oncle et beau-père de Jacob. Lavan représente la colonne blanche de *Hesséd, sefirah* de *Mikael,* qui est concernée par ce paragraphe.

   Au sujet du *Hashmal,* le *Séfer ha-Zohar* (II 78b) mentionne : « *Hashmal est le nom de la première Lumière mystérieuse et cachée que personne ne peut apercevoir, Lumière dont émanent toutes les autres lumières du ciel. On l'appelle « Lumière blanche » (Ḥesséd). Elle est réservée aux justes, ainsi qu'il est écrit : La lumière s'est levée sur le juste. »*

À la page 82b, le Zohar mentionne : « *Rabbi Yossé dit : Ḥashmal est au monde céleste ce que le cœur est au corps.* » Mais une précision est nécessaire, car si le nom complet correspond à la Ḥesséd, la division du nom correspond aux *sefiroth Netsaḥ et Hod* : « *Le mot Ḥashmal, dans la vision d'Ézéchiel, doit être lu en deux mots hash et mal qui désignent les deux sefiroth Nétsaḥ et Hod* » (Zohar III 223b). Dans le *Séfer ha-Oth*, Abraham Aboulafia associe le Ḥashmal avec l'Intellect agent ou Métatron.

3. 620 est la *guématria* de *Kéter* (כֶּתֶר).

המחנה השנית גבריאל והוא ערפל, הוא יסוד האש, והוא מתאחז בשרשי חשמל, כיצד, כבר אמרנו כי מל של חשמל הם ע', ומשתוים עם ע' של ערפל שהוא ע' שמות, הרי אלו בקרב אלו, וזהו דכתיב במאמר שיר של ר' פנחס חסמא לז ללז אחוזים בכנפי סוד תנועה, כלומר זה כנגד זה אחוזים, יסוד המים שהוא מיכאל ויסוד האש שהוא גבריאל, הרי טעם הע' של ערפל:

§ 11 - Le second camp est *Gabriel* et c'est l'*Ârafel* [1], l'élément Feu, qui maintient les racines du Ḥashmal. Comment cela ? Nous avons déjà dit que « *mal* » de Ḥashmal sont les 70 en relation avec le 70 d'*Ârafel* [2] constitué des 70 Noms. Ceux-ci au sein de ceux-là. Ainsi qu'il est écrit dans le poème chanté du Rabbi Pinḥas Hisma : « *Ce sont ceux qui maintiennent le secret du mouvement des ailes* ». C'est-à-dire que ces oppositions se maintiennent mutuellement : l'élément Eau, qui est *Mikael* [3], et l'élément Feu, qui est *Gabriel*. Ceci est le sens du 70 d'*Ârafel*.

1. L'*Ârafel* est décrit comme la quatrième des treize puissances dans le § 6 (voir note 4). La troisième est le *Ḥashmal*, dont l'*Ârafel* forme les racines.

    L'*Ârafel* représente la première brume, issue de l'éther primordial, émanée de la *Maḥshavah*. C'est le crépuscule des ténèbres de la première source, une lumière particulièrement claire et limpide. *Ârafel* est la nuée qui enveloppe Dieu, sa Présence que seul Moïse approcha : « *Le peuple restait dans l'éloignement ; mais Moïse s'approcha de la nuée (Ârafel) où était Élohim* » (Exode 20:21).

2. « *Le 70 d'Ârafel* ». Il s'agit d'une allusion au fait que la première lettre d'*Ârafel* (ערפל) est un *Âyin* (ע), lettre qui marque le nombre 70. Les trois autres lettres d'*Ârafel* sont analysées dans le verset qui suit.

3. Ce type de littérature des Palais ne manque pas d'opposer les éléments Feu et Eau. Ce qui place *Gabriel* et *Mikael* en éternels adversaires.

טעם רפ"ל, ר"פ כשתוציא רל"ו מחשבון ר"פ שהם רמז למדת כסא הכבוד, ישאר מ"ד, כשתוציא ב' ממ"ד לשים עם ל' של ערפל להיות ל"ב ישאר מ"ב שהם סימן ה' בם, וזהו סימן אסורה נא ואראה את המראה הגדול הזה. וזהו גבריאל, גבר עלינו א"ל:

§ 12 - Explication de « *rafel* » (רפל)[1]. Considèrant *Réish-Pé* (רפ). Lorsque l'on soustrait 236 à la valeur de *réish-pé* (280), qui fait allusion à la mesure du Trône de Gloire (*Kissé haKavod*) [2], il reste 44. Quand tu extrais 2 de 44 et le places avec le *Laméd* (30) d'Ârafel, cela fait 32 et il reste 42. Cela est symbolisé par « *Yhwh en eux (bam)* » (Nombres 12:9). Et ceci est signalé par : « *Je me détournerai, et je verrai cette grande (ha-gadol)[4] vision* » (Exode 3:3).

Par conséquent, *Gabriel* indique que le héros (*guévér*) de *El*[5] est sur nous.

1. « *Rafel* » (רפל) est constitué des trois dernières lettres d'*Ârafel*. Le paragraphe précédent a analysé le *Âyin* initial.

2. Le nombre 236 fait sans doute ici référence à la littérature du *Shiour Qoma*, qui indique que la mesure de la hauteur du Créateur du Monde correspond à ce nombre. Le *Séfer ha-Shiour* indique : « *Ceci est la taille du Corps divin, telle que le Livre de la dimension l'énonce : veRav Koah (Grand en puissance). 236 0000 000 parassoth, ceci est la hauteur du Créateur ; béni soit son Nom.* » « *Et grand de puissance* », est une expression issue du *Psaume* 147:5, dont la *guématria* est égale à 236.

    De plus, 236 est la valeur de *Mélékh ôlam* (מלך עולם), Roi du Monde.

3. 42 est un nombre-clé dans la Kabbale, le texte cite : « *Yhwh en eux* [יהוה בם] ». « *En eux* », *bam* [בָּם] à une valeur de 42.

4. « *La grande* », *ha-gadol* (הַגָּדֹל), possède aussi une valeur de 42.

5. Le nom *Gabriel* est constitué de *Guévér* [גבר] (héros) et de *El* [אל], soit 205 + 31 = 236.

המחנה השלישית הוא האחדות עצמה הוא אוריאל, והוא יסוד הרוח, הוא האויר, והוא מאיר לצד מקום הנשמות, וסימנו קומי אורי כי בא אורך שהוא עתיד להאיר אפילתן של ישראל:

§ 13 - Le troisième camp est l'unité intensifiée. C'est *Oriel* et l'élément de la *Rouaħ* : c'est l'air. Il scintille du côté du lieu des âmes. Il est signalé par : « *Lève-toi, scintille, car ta lumière est venue* » (Isaïe 60:1). Car il viendra étendre ce qui est destiné à illuminer les ténèbres d'Israël.

המחנה הרביעית הוא רפאל, רופא האמת, על כן נקרא יסוד הארץ, כי הוא ממונה על העפר האבוק מתחת כסא הכבוד, והוא נקרא חומר, כמו שאמר רב האיי ז"ל, ועלה במחשבה בריאת החומר הקדמון שממנו נאצלים כל הנבראים, וכן פירשו חכמי הטבע התקיפים הפילוסופים החריפים בחכמת המחקר, ושאחר אילו ד' מחנות שכינה הוא הייחוד הנקרא היכל הקדש, ויש לו ד' פאות כנגד מזרח ומערב צפון ודרום וכנגד מחנות שכינה

§ 14 - Le quatrième camp est *Raphael*, le véritable guérisseur. Il représente l'élément Terre, car il est assigné à nettoyer la poussière sous le Trône de Gloire, que l'on appelle « matière » (*ħomér*). Comme l'a dit Rabbi Haï, de mémoire béni : « *Et il y eut dans sa pensée la création de la matière primitive, à partir de laquelle ont émané toutes les créatures* ». Ainsi que l'expliquent également les Sages de la Nature et les philosophes théoriciens des sciences.

Au-delà de ces quatre camps de la *Shekhinah*, il y a l'unité, appelée « Saint palais », dont les quatre coins correspondent à l'Est à l'Ouest, au Nord et au Sud, concordant avec les camps de la *Shekhinah*.

עד כאן סדרי דמארי עלמא, מכאן ואילך סדר מטטרו"ן, שמורה על ידיעת בורא
עולם בסדר אחר. דע שמטטרון הוא ממונה שלפני היכל הקדש, טעם אחד מפני
שהוא סוף למעשה העליונים ותחילה ליסוד התחתונים, וטעם אחר מפני שיעור
הקבוע, דתנן אמר הקב"ה למשה, משה השמר מפניו שכבר שמתיו משרת לפתח
היכלי מבחוץ לעשות דין בכל פמליא של מעלה ובכל פמליא של מטה, ושמע בקולו
ללמוד ממנו זכות, אל תמר בו דרך הכוונה לכוין לבך בשעת התפלה, וזהו שאמרו
חכמי המחקר כי חכמים היו משימים דעתם בכל מסכתא ומסכתא לבאר רמזים
מסתרי התורה ומטעמי התורה, ועל ענין הכוונה אחז"ל במסכת ברכות כל המאריך
באחד מאריכין לו ימיו ושנותיו, וכמה עד שימליכהו בשמים ובארץ ובארבע פנות
העולם, וכל זה הוא רמז להמליך הקב"ה בכל כחותיו, וההתחלה מן מטטרו"ן, וזהו
מה גדלו מעשיך ה' מאד עמקו מחשבותיך, מה גדלו מעשיך ה', אלו ד' מחנות,
מאד עמוק מחשבותיך הם הכחות האחרות

§ 15 - Jusqu'à ce que ce point, cela dépendait de
l'organisation[1] du Maître du Monde[2], à partir d'ici cela
dépend de l'organisation de *Métatron*, qui enseigne la
Connaissance du Créateur de l'univers, selon une structure
spécifique.

Sache que *Métatron* a été nommé pour servir en face du
Saint palais, ceci parce qu'il est la fin de l'Œuvre supérieure
et le début des éléments inférieurs. C'est aussi en raison de
sa stature fixe[3], comme il est enseigné : Le Saint, béni soit-Il,
dit à Moïse : « *Prends garde à toi* » (Exode 23:21), car je l'ai posté
en tant que préposé à la porte de mon palais extérieur, afin
d'administrer la loi, l'ensemble du domaine céleste et le
domaine inférieur. « *Écoutez sa voix* » (Exode 23:21), afin
d'apprendre de lui pour justifier le mérite. « *Ne l'irrite pas* »
(Exode 23:21) par la *kavanah*[4], tu dois orienter ton cœur pendant
les prières.

Ainsi, les érudits affirment que les sages dirigeaient leur
kavanah sur chaque traité talmudique pour expliciter les
allusions des secrets de la *Torah* et les signes de cantillation

de la *Torah*. Au sujet de la *kavanah*, les Sages, de mémoire bénis, ont dit dans les *Berakhot*, que toute personne qui prolonge la récitation du mot *éhad* (un), ses jours et ses années seront augmentés. Combien de temps ? Jusqu'à ce qu'il ait reconnu sa souveraineté dans les cieux et sur la terre, et aux quatre coins du monde.

Tout cela est une allusion à la reconnaissance de la souveraineté du Saint, béni soit-il, sur l'ensemble de ses puissances. Le début est *Métatron*. Ainsi qu'il est écrit : « *Que tes œuvres sont grandes, Yhwh ! Tes pensées sont merveilleusement profondes !* » (Psaume 92:6). « *Que tes œuvres sont grandes, Yhwh !* ». Ce sont les quatre camps. « *Tes pensées sont merveilleusement profondes !* » ce sont les autres puissances.

1. Le terme que je traduis par organisation ou structure est *sédér* (סֵדֶר), il est utilisé ici comme un synonyme de *tiqoun*.

2. Maître du monde : *Mari âlma* [מארי עלמא] est une expression araméene. Ce terme apparaît une dizaine de fois dans le *Zohar*, sous la forme *Mari de-Âlma*. La première fois de cette façon : « *il plaida : <u>Maître du monde,</u> depuis le jour où tu me façonnas, Je suis appelé « Jour du Shabbat », mais il n'y a pas de jour sans nuit ! Il lui répondit : Ma fille, tu es Shabbath et Shabbath Je t'appellerai.* » (Zohar I 5b

3. Stature fixe [שיעור הקבוע], est encore une référence au *Shiour qoma*, qui mentionne que la dimension du corps divin correspond à 500 ans de marche de *Métratron*. Ainsi, *Métatron* est une mesure, une référence universelle.

4. La *kavanah*, en plus de son sens, qui est « intention », désigne aussi la concentration durant la méditation ou la prière.

ועל זה נאמר ברוך כבוד ה' ממקומו, שהוא מקום העולם ואין העולם מקומו, ועוד מקום חשבונו קפ"ו, וידו"ד חשבונו קפ"ו, כיצד י' בחשבון עשרה, כשתחשוב עשרה פעמים עשרה הם מאה, ה' בחשבון חמשה, כשתחשוב חמשה פעמים חמשה הם כ"ה, ו' בחשבון ששה, כשתחשוב ששה פעמים ששה הם ל"ו, וה' אחרונה של שם בחשבון כ"ה, תמצא השם בחשבון קפ"ו, וזהו חשבון המרובע בכל מקום שתחשוב האות והתיבה עצמה בחשבון תקונה:

§ 16 – À ce sujet il est dit : « *Bénie soit la Gloire de Yhwh, de son lieu (maqom)*[1] *!* » (Ézéchiel 3:12). « *Il est le lieu (Maqom) du Monde, mais le Monde n'est pas son lieu* » (Bereshit Rabba 68:9).

En outre, la valeur numérique de *maqom* (lieu) est de 186, et *Yhwh* vaut également 186. Comment cela ? *Yod* vaut 10, dix fois dix font 100. *Hé* vaut 5, cinq fois cinq, font 25. *Vav* vaut six, six fois six font 36. *Hé*, dernière lettre du Nom, compte aussi 25. Par conséquent, le Nom totalise 186 [2].

Ce calcul s'accomplit par le carré, en calculant la valeur individuelle de chaque lettre. C'est le calcul carré de chaque lieu (*maqom*) qui valorise la lettre et le mot lui-même est réparable (*tiqounah*) par le calcul.

1. Le concept kabbalistique du *Maqom* est immense et merveilleux. Toute chose existante doit avoir « lieu ». D'ailleurs, la langue française le dit souvent : « un miracle a eu lieu », « la réunion a lieu », etc. Chaque âme à son lieu : « *Élie monta au ciel dans une tempête, sa chair se métamorphosa en flammes de feu et son corps demeura dans le monde des galgalim ou dans celui des malaķim, tandis que son esprit s'éleva en son lieu (maqom)*". (Pardès Rimonim chap. 2).

« *Le Maqom, ou Lieu, signifie que le Créateur a non seulement fait de la place pour les êtres, mais aussi qu'il créat un système pour les soutenir. Et ceci en est une nouvelle manifestation, car Son être pur et éternel ne laissait aucun espace pour quoi que ce soit en dehors de Lui-*

même. Étant donné qu'il a décrété l'existence pour des créatures, il leur a conçu un lieu au même moment" (Ḥayim Luzzato - Kélaḥ Pithé Ḥoḳmah).

2. Nombre de traités de Kabbale relèvent ce lien entre la valeur 186 de *maqom* (מקום) et la valeur des lettres du Tétragramme *Yhwh* au carré : 10x10 + 5x5 + 6x6 + 5x5 = 186.

« *Tu réaliseras que le « premier homme » [Adam qama = 186 -* אדם קמא*] est en « activité » [poël = 186 -* פועל*]. C'est 26 au carré, qui est « lieu » [maqom -* מקום*], « pour toujours » [meôlam = 186 -* מעולם*] et « Qof » [= 186 -* קוף*] en témoigne fidèlement. »* (A. Aboulafia - La Vie du Monde à Venir).

ועוד יכיר האדם את בוראו על זה הענין שכתבנו, ובעניין תפלתו כמו שכתבו חז"ל במסכת ברכות כשאדם רוצה להתפלל כשהוא כורע כורע בברוך וכשהוא זוקף זוקף בשם, ר"ל כשהוא כורע יכוין לבו לשמים כדי ליחד שמו של הקב"ה בכל כחותיו על הסדר שפירשנו, וידע מדה ושיעור ומתכונת הגוף, מדה כמו שאתה אומר וימודו בעומר, שיעור הוא כמו שאתה אומר משערין בזרת, ידיעה כמה ארכו וכמה רחבו, ומתכונת הגוף כדי שיתבאר לו שגוף הוא נאמר בכל ענין נראה וניכר, כמו שאתה אומר גוף, הדה מילתא גופא אמר ר' פלוני, גוף עניין זה, ולידע שגוף שכינה אינו ניכר ונראה אלא נסתר ונעלם, והדברים שהגוף ניכר ונראה ממשותו מהם לשלול אותם מגוף השכינה, כיצד עיני ה', אזני ה', ראשו כתם פז, קווצותיו תלתלים, חכו ממתקים, ידיו גלילי זהב, שוקיו עמודי שש, רגלי ה', חוטמו של ה', וכל אילו מפורשים בספר מכלל יופי. ר"ל עיני ה' הם כמו עין אדון עין לבן, שמורים על דמות עיני הכחות, אזני ה' כמו האזינו האזנת, ופירושו שיקול המלה להבין עניינה, וזהו מאזנים האזינה והדומים לאילו:

§ 17 - Par conséquent, on peut reconnaître son Créateur à travers le concept que nous avons décrit. En ce qui concerne le concept de la prière, cela concerne ce que les sages, de mémoire bénis, ont écrit dans le *Traité Brakhot* : « *Quand on veut prier, il faut s'incliner au mot « béni » et se redresser avec le Nom* » (B. Brakhot, 12a.). C'est-à-dire, quand on s'incline, il faut diriger son cœur vers le ciel afin d'unir le Nom du Saint, béni soit-Il, avec toutes ses puissances, selon l'ordre que nous avons indiqué.

Il faut connaître la mesure[1], la dimension et la proportion[2] du Corps. La mesure (*middah*), comme tu dis : « *Et ils le mesurèrent avec l'ômér* » (Exode 16:18). La proportion est, comme tu dis : « *Ils proportionnèrent avec l'empan* ». Il faut connaître la longueur et la largeur. De la sorte, la proportion du corps est ordonnée et claire pour ce qui concerne ce corps, sur lequel repose tout ce qui est visible et perceptible, comme tu le dis : le « corps », dont le concept est *goufa* (גופא)[3]. Tels ou tels rabbis ont dit des choses spécifiques à ce sujet.

Sache, en outre, que le Corps de la *Shekinah* n'est ni perceptible ni visible, mais secret et occulte. Tout ce qui est lié à un corps et à une substance perceptible et visible refuse le corps de la *Shekhinah*. Qu'en est-il des yeux de Dieu ? Des oreilles de Dieu ? de sa tête d'or fin ? de ses cheveux tressés ? De ses jambes comme des colonnes de marbre ? Des pieds de Dieu ? Du nez de Dieu ?

Toutes ces choses sont expliquées dans le *Séfer Mekkalil yofi (Livre de la Beauté totale)*. Ainsi, les yeux (*âynéi*) de Dieu sont comme la couleur (*âyin* [4]) rouge ou la couleur blanche, préservant la ressemblance des couleurs (yeux) des puissances. Les oreilles[5] (*oznéi*) de Dieu sont comme « nos oreilles écoutent », et son explication est le poids d'un mot qui permet d'en comprendre le sens, d'où les balances (*moznayim*) de pesage et autres expressions similaires.

---

1.   La mesure est la *middah* (מדה). Ce terme désigne tout à la fois la mesure physique d'une chose et la façon dont on qualifie la chose. Ainsi, mesurer c'est qualifier.

2. La proportion est le *shiôur* (שיעור). Par sa racine *shaâr*, le *shiôur* est un passage s'ouvrant sur une dimension qui révèle un nouvel horizon. Ici le texte fait allusion à la littérature pré-kabbalistique du *Shiôur Qoma* (la Proportion du Corps).

3. Le nom araméen du corps, *goufa*, désigne aussi des ailes repliées. Ainsi, le corps est un repliement d'ailes, c'est-à-dire de lumières colorées matérialisées. Le corps de la *Shekhinah* ne peut dévoiler sa véritable lumière que lorsque les ailes se déplient.

4. En hébreu, le terme usuel pour couleur est *tsévâ* (צֶבַע), qui représente plutôt les couleurs formées par les doigts. En revanche les couleurs perçues par l'œil, peuvent aussi s'appeler *âyin*, ce qui signifie littéralement oeil. Maïmonide dit que les yeux sur les ailes des anges sont de multitudes couleurs. La conception de la Kabbale sortant de l'anthropomorphisme de la mystique du *Shiôur Qoma*, voit dans les yeux de l'Être cosmique la coloration de l'Infinie lumière, en d'infinies couleurs ralentissant cette lumière, afin de la rendre perceptible. Rôle assumé par les *sefiroth* dans la Kabbale.

5. Les oreilles en hébreu signifient équilibre, leur racine forme le nom de la Balance. Ainsi, les oreilles de l'Être cosmique représentent l'équilibre des flux colorés de Lumière, dont la base sont les couleurs rouge et blanche, de la rigueur et de la clémence. C'est la structure équilibrée de l'édifice des *sefiroth*.

ראשו כתם פז הוא כסא כבודו, כמו שהוא ראש לפעליו כדכתיב כסא כבוד מרום מראשון, ר"ל מרום מעלליו של שם,

קווצותיו תלתלים זהו שבעה אלה עיני ה' המה משוטטות בכל הארץ. טעם אחר, קווצותיו כמו קצות הארץ,

חכו ממתקים זהו כח הממתיק לכל מי שמתעסק בזו החכמה,

וכלו מחמדים זהו יופיא"ל שמייפה לכל הנבראים מאחדות השוה,

ידיו גלילי זהב הם הגלגלים,

שוקיו עמודי שש הם זהרי חמה שמשתמשין בגלגל הרקיע העליון, וזהו דכתיב ודמות על ראשי החיה רקיע,

רגלי ה' כמו שהוא אומר השמים כסאי והארץ הדום רגלי, הם חיילותיו, כדכתיב רק אין דבר ברגלי אעבורה, חוטמו הוא האף,

ועיקרו אחטם לך, כלומר (אסבך) [אסבר] לך עניינים כדי שיתחטם גזר דיני לבלתי יתפשט לחבל העולם,

כדתנן בספר מכלל יופי, הקב"ה שם מלאך בין וילון לרקיע ושמו דומיא"ל, שהוא ממונה לסתום פיהם של מלאכי חבלה כדי שלא יתפשטו בעולם לחבלו. טעם אחר אחטם לך, אשקיע, כמו אז עשקיע מימיהם, כלומר אשקיע העבירה ואגלה הזכות:

§ 18 - [1] « *Sa tête (rosho) est d'or transparent (kétém paz)* » (Cant. 5:11). C'est le Trône de sa Gloire, car il a été le premier (*rosh*) par Ses actes, comme il est écrit : « *un Trône de Gloire, un lieu élevé dès le commencement* » (Jérémie 17:12), c'est-à-dire, le plus élevé des actes du Nom.

« *Ses boucles sont flottantes* » (Cant. 5:11). Ce sont les sept yeux de Dieu qui errent partout dans la terre. Une autre explication, ces boucles (*qvoutsotaïv*), sont comme dans les extrémités (*qatotsoth*) de la terre.

« *Son palais n'est que douceur* » (Cant. 5:16). C'est la puissance qui accorde la douceur à celui qui s'adonne à cette sagesse.

« *Tout ce qui est en lui est aimable* » (Cant. 5:16). C'est Yofiel [2], qui embellit tout ce qui émane harmonieusement de l'unité.

« *Ses mains ont des phalanges d'or (gliléi)* » (Cant. 5, 14). Ce sont les sphères célestes (*Galgalim*).

« *Ses jambes sont des colonnes de marbre* » (Cant. 5:15). Ce sont les rayons du soleil qui brillent dans le domaine de plus haut des cieux, comme il est écrit, « *Au-dessus des têtes des vivantes on voyait un firmament* » (Ézéchiel 1:22).

Les pieds de Dieu sont, comme il est dit : « *Les cieux sont mon trône, et la terre le marchepied de mes pieds* » (Ésaïe 66:1). Les pieds sont ses armées, comme il est écrit : « *je ne ferai que passer avec mes pieds, pas autre chose* » (Nombres 20:19). Son nez (*hotmo*) est sa colère.

Son essence est « *je me contiens envers toi* » (*éhétam lék'a*) (Ésaïe 48:9). C'est-à-dire : je vais t'expliquer les choses, afin de retenir l'exécution de Mon Jugement, de sorte que sa propagation ne détruise pas le monde.

Ainsi, nous apprenons dans le *Livre de la beauté absolue*, que le Saint, béni soit-Il, a placé un ange entre le voile céleste et le firmament. Son nom est *Doumiel* [3], car il a été désigné pour fermer la bouche des anges de destruction, afin qu'ils ne se répandent pas dans le monde pour le détruire. Une autre explication de « *éhétam lék'a* » est « j'apaiserai », comme dans « *Alors j'apaiserai leurs eaux* » (Ézéchiel 32:14). C'est-à-dire : je dois agir pour apaiser l'offense et révéler le mérite.

1. Ce paragraphe offre une interprétation des parties du corps, décrites dans le chapitre 5 du *Cantique des cantiques*, selon la lecture de la mystique du *Shiour Qoma*.

2. *Yofiel* יופיאל, « Beauté divine », prince de la loi, invoqué contre l'incitation au péché, et maître de *Sém*.

3. L'ange *Doumiel*, dont le nom signifie « silence divin », occupe un rôle important dans la mystique des Palais et de la *Merkavah*. Dans le *Zohar (Cantique des cantiques)*, il fait partie d'une liste de 70 noms d'anges. Dans le *Zohar* I 108b, il représente le *daléth* au sein d'une liste de 22 anges. C'est cet ange qui présente les qualités du char individuel du mystique l'amenant au scribe *Gabriel* : « *Si l'individu a ces deux qualifications, alors l'ange Doumiel le confie à Gabriel le scribe. Il écrit une note avec une encre rouge et la suspend sur le char (qaron) de cet individu. La note décrit les études de la Torah faites par l'individu et leurs profondeurs et fait état de son souhait de se présenter devant le Trône de Gloire.* » (Hékaloth Rabbati 20). Il est aussi l'ange qui apporte la récompense : « *Le sceau de Broniah est présenté à l'ange Doumiel, un ange droit et humble.*

Kaptšiel étend alors immédiatement son arc et ses flammes. Ceci provoque un vent orageux (Sāarah), et te place dans un char lumineux (Nogah). Ils trompettent devant toi avec quatre-vingts millions de cornes, trente millions de shofars, et quarante millions de cors. L'ange Doumiel saisit alors une récompense et va vers toi. Et quelle est cette récompense ? Rabbi Ishmaël dit : "C'est ce que Rabbi Neḥounyah ben HaQanah mon maître a appris. La récompense que l'ange Doumiel tient devant le char de l'individu qui est digne de descendre dans la Mérkavah n'est ni d'argent ni d'or. Mais la récompense est que cet individu est laissé seu''l. » (Héḳaloth Rabbati 21).

וכל זה למכוין יחוד בכל משליו ואל יוצא דבר מגונה מפיו, ויכוין לבו בהזכרת השם להזכירו באלו שבעה נקודים באיזה מהם שירצה

- יהו"ה מלך
- יהו"ה מלך
- יהו"ה ימלך

מחזה שד"י יחזה, דרכיך ה' הודיעני. וכך פירשו בעלי הלשון.והקב"ה ידריכנו בדרך אחדותו לייחד שמו בכל מפעלינו ודרך תבונות יודיעֵנו.

אמר ר' ישמעאל קראתי ושניתי זה העניין לפני ר' נחוניא בן הקנה, ואמר לי כל היודע רז זה ושונה אותו במשנה בכל יום מובטח לו שהוא בן העולם הבא, ונוחל שני עולמות העולם הזה והעולם הבא, ויתן לו הקב"ה משכר העולם הבא כבוד לנחול בעולם הזה דכתיב כבוד חכמים ינחלו ותמימים ינחלו טוב:

§ 19 - Tout cela concerne celui qui reste concentré sur l'unité dans tous ses propos et dont la bouche ne profère rien d'abject. Qui, de plus, oriente son cœur vers l'évocation du Nom, en le prononçant avec ces sept voyelles, selon différentes façons :

- *Yéhwéh* Roi (*Mélékh*),
- *Yahwah* régne (*malakh*),

50

- *Yiwoh* règnera (*yimlokh*)[1].

« *Qui voit la vision de Shaddaï* » (Nombres 24:4). « *Yhwh, fais-moi connaître tes voies* »[2] (Psaumes 25:4). C'est ainsi que les Maîtres du langage l'ont expliqué.

R. Ismaël dit : j'ai lu et répété ce sujet devant R. Neḥouniah ben ha-Qanah, et il m'a dit : « Celui qui connaît ce secret et l'étudie sans cesse, quotidiennement, s'assure de mériter du Monde à venir et d'hériter des deux mondes : de ce Monde-ci (*Ôlam haZéh*) et du Monde à venir (*Ôlam haBa*). En prime, le Saint, béni soit-Il, lui accordera l'honneur de profiter de la récompense de sa part du Monde à venir en ce Monde, comme il est écrit : « *Les parfaits (tamim) hériteront du bien (tov)* » (Prov. 28:10).

1. Ici le *Séfer ha-Iyyoun* donne des indications pour vocaliser le Tétragramme :

    a. *Yéhwéh* Roi (*Mélékh*) : יְהוָה מֶלֶךְ (Psaumes 10:16), avec le *tséré*.

    b. *Yahwah* régne (*malakh*) : יָהוָה מָלָךְ (Psaumes 97:1), avec *qamats*.

    c. *Yiwoh* règnera (*yimlokh*) : יְהוֹה יִמְלֹךְ (Psaumes 146:10), avec *Ḥiriq* et *Ḥolam*.

Derrière les sept voyelles se cachent en fait 12 vocalisations du Tétragramme. « *Le secret de 12 est « cela » (zéh [זה]), ainsi, ensemble ce sont la « vision » מחז"ה et ton signe est : « Celui qui entend les paroles de Yhwh, qui voit la vision (maḥazéh) de Shaddaï » (Nombres 24:4). Son secret est « qui a les yeux ouverts » [גלוי עינים] (idem), dont le nombre est la « vision des cercles » [מחזה עיגולים], et il « voit les cercles [חזה מעיגולים]. Il y a douze noms dans chaque cercle qui gouvernent les douze signes à chaque révolution (guilgoul). »* (A. Aboulafia - Vie du Monde à Venir).

2. « *Yhwh, fais-moi connaître tes voies* ». « Voie », dérék, peut aussi avoir le sens de « méthode » : « *Yhwh, fais-moi connaître tes méthodes* ».

LA SOURCE DE LA SAGESSE

SÉFER MÂYAN HA ḦOKHMAH

סֵפֶר מַעְיַן ַהָחָכְמָה

Présentation

Dans l'environnement du Cercle médiéval des kabbalistes *Îyyoun*, le livre de la *Source de la Sagesse* témoigne de la communication faite à Moïse par un ange « des merveilles », nommé *Péli*. Lui-même mandaté par *Mikaël*. Autour d'une explication du Nom Tétragramme, le texte se livre à une spéculation cosmogonique faisant écho à un ancien *midrash*, dit de *Shiméôn ha-tsadiq*. La *Source de la Sagesse* est considérée comme l'un des ouvrages les plus énigmatiques de la littérature kabbalistique.

Ce livre s'inscrit dans la ligne des concepts dispensés dans les enseignements et commentaires d'Isaac l'Aveugle, le « Père de la *Kabbalah* ». En revanche, contrairement à Isaac l'Aveugle, qui met en avant la « Volonté » (*Ratson*), le *Séfer Îyyoun* et le *Mâyan ha hokhmah* ne connaissent que la *mahshavah*, c'est-à-dire la pensée, le mental, voire la pensée philosophique. De cette *mahshavah* émane l'éther primordial dont la séparation produit le jaillissement de deux lumières : *Arafel* et *Hashmal*. On peut déduire que l'*Arafel* serait le crépuscule du *hoshék* (obscurité) qui précède la lumière. Ou, plus précisément, le déclin de l'Obscurité dans la « Source de la Sagesse ». Le *Hashmal* est alors le débordement et la grâce de la plénitude de la Lumière, une seconde source. Il est fort probable que Moïse de Léon se soit inspiré de cette littérature pour décrire le début de la Création dans le *Séfer haZohar*.

« La Cause suprême se nomme Ein-Sof, car elle n'a ni forme ni ressemblance et il n'y a aucun moyen de la connaître, ni

de la percevoir. Il est dit à ce sujet : « Ne médite pas ce qui est obscur pour toi. » (Ben Sirach, 3 :2) Puis fut produit un réceptacle aussi petit qu'un point, comme la lettre Yod, lequel se remplit à cette source : c'est la Source de la Sagesse, c'est la Ḥokhmah même » (Zohar II 42b).

La Sagesse, qu'évoque ce livre de la Source de la Sagesse, est directement associée à la lettre *Yod* du Nom Tétragramme. Elle décrit ésotériquement la mutation de la ligne droite et verticale en ondes circulaires, offrant l'opportunité à toute chose de réintégrer son origine. Pour le livre, deux éléments essentiels articulent la *tenouâh* (le mouvement) du langage. Le premier élément est le *Yod*, en tant qu'initiale du Tétragramme. Le *Yod* est l'expression originelle du langage, à partir de lui toutes les formes se déploient. Le second élément est l'*Alef*, première lettre, premier support phonétique ; son silence accueille sans les altérer les mouvements de toutes les voyelles. L'*Alef* disparaît de lui-même derrière chaque voyelle. De la sorte, le Nom Tétragramme, introduit par un *Yod*, est l'unité du mouvement du langage, issu de l'éther primordial.

La Bible ne mentionne pas directement la « Source de Sagesse », mais on considère que le Psaume XVIII y fait allusion avec l'expression *maqor ḥokhmah* (source de Sagesse) : « *Les paroles de la bouche d'un homme sont des eaux profondes. La source de la sagesse est un torrent qui jaillit.* ». *Mâyan* et *maqor* peuvent se considérer comme des synonymes pour désigner une source. *Mâyan* [מַעְיָן] est un terme plus large. Issu de la racine *âyan* [עין], c'est tout à la fois une « source » et un « œil » : *âyin*, qui est aussi le nom de la seizième lettre de l'alphabet hébreu. Cette lettre est aussi le nombre 70, qui dissimule le secret des mystères de la Torah et de ses niveaux d'interprétation. Dans le *Talmud*, *îyén* [עיין] signifie « équilibrer », l'adepte doit recouvrer l'équilibre premier afin de contempler la Source de Sagesse, jaillissant de la Cause des causes.

Prononcé *meoûyan* [מְעֻיָן], c'est une forme géométrique en losanges, selon laquelle on taille un diamant. Ceci, afin de permettre à « l'œil » de distinguer les formes de la « source » de lumière qui le traverse.

Avec un regard un peu plus « technique », on ne manque pas de remarquer que « *mâyan ha ħokhmah* » [מַעְיָן הַחָכְמָה], source de Sagesse, compte une guématria de 248, identique à celle *d'Abraham* [אַבְרָהָם], de *Raziel* [רזיאל], de *Ouriel* [אוריאל], et de *bamidbar* [בַּמִּדְבָּר] (dans le désert).

סֵפֶר מַעְיַן הַחָכְמָה

Séfer Mâyan ha-Ḥokhmah

La Source de la Sagesse

זה ספר מעיין החכמה שנתן מיכאל לפאלי, ופאלי למשה רבינו עליו השלום, ומשה רבינו עליו השלום גילהו להתחכם בו לדורות, וכשעמד דוד על ידיעתו אמר אודך ה' בכל לבי ואכבדה שמך לעולם ועד:

§ 1 – Ceci est le livre de la « Source de la Sagesse » que Mikael a donné à Péli et Péli à Moshé Rabenou. Moshé Rabenou l'a révélé pour illuminer les générations ultérieures. Lorsque David comprit l'étendue de sa connaissance, il s'écria : « *Je te célébrerai, Adonaï mon Dieu, de tout mon cœur. Je glorifierai ton nom pour toujours* » (Psaume 86:12).

זהו תיקון וצירוף ומאמר ומכלל וחשבון פירוש של שם המפורש המיוחד בענפי שורש התנועה המתגברת בי"ג מיני תמורות,

כיצד הוא התיקון להוציא דבר במאמר והמאמר בדבר, והתיקון בצירוף והצירוף בתיקון, ומכלל בחשבון וחשבון במכלל, עד להעמיד כל דבריהם במעין השלהבת והשלהבת במעין עד אין חקר ועד אין מספר לאורה המתעלמת בתוספות החשך המסותרת,

59

ולהביא הכל במלאכה הנגמרת בי"ג מיני תמורות, והתמורות הם מדות והמדות הם תמורות, וכלם אחוזים זו בגב זו, ומתפשטים בגב התנועות, והתנועות בתוספת, והתוספת בחסרונות, והחסרונות בחיצונות, והחיצונות ביתירות, והיתירות ביתרונות, והיתרונות בגב אלף:

§ 2 – Ce sont : *Tiqoun* (réparation), *Tsérouf* (combinaison), *Maamar* (acronyme), *Mik'alal* (somme) et *Ḥésbon* (calcul) qui sont l'explication du *Shém haMeforah* spécifique aux déploiements de la racine de la *Tenouâ* (mouvement)[1], amplifiée par les treize types de permutations[2].

Comment s'accomplit le *Tiqoun* ?[3] Il extrait la parole (*davar*) dans *Maamar* (acronyme) et *Maamar* dans *Davar*. Le *Tiqoun* dans le *Tsérouf* et le *Tsérouf* dans le *Tiqoun*. *Mik'alal* (somme) dans *Ḥésbon* (calcul) et *Ḥésbon* dans *Mik'alal*, jusqu'à ce que tous les mots soient positionnés dans la source de la flamme et la flamme dans la source. Jusqu'à ce qu'il n'y ait plus de mesure ou de quantification de la lumière qui se dissimule dans la surabondance de l'obscurité occulte[4].

Puis chaque chose est produite dans l'opération finale, au moyen des treize sortes de permutations[5]. Les permutations sont des attributs et les attributs sont des transmutations. Tous se saisissent les uns les autres, l'un sur l'autre, et se propagent par les *Tenouôth* (mouvements) et les *Tenouôth* par les ajouts et les ajouts par les suppressions et les suppressions par les extériorités et les extériorités par les superflus et les superflus par les profits et les profits par l'*Alef*, (litt. dans le dos du *Alef*) [6].

1. Le terme « *tenouâh* » [תְּנוּעָה] peut être pris dans deux sens. Le premier c'est le « mouvement », en général. Le second c'est la

« voyelle », dont le souffle donne le mouvement à la lettre figée dans l'encre.

2. Ce concept se retrouve dans le *Séfer Îyyoun*, treize couples d'oppositions qui sortent de l'éther primordial en tant que vingt-six puissances primordiales. Valeur numérique du Tétragramme *YHWH*. Dans son *Séfer haOth*, Abraham Aboulâfia, qui connaît très bien ce livre, écrit : « *Le cerveau est une montagne recouverte de feu, c'est la tête du soleil et du roi de la Compréhension (Binah). Dessus, repose la Source de la sagesse (Ḥoḵhmah) sur vingt-six chemins* ».

3. Le *séfer haQanah*, explique trois des cinq méthodes : « *Le Tiqoun, c'est comprendre un nom du début à la fin de la façon dont il est écrit. En ce qui concerne le Tésrouf, c'est lorsque tu le combines aux vingt-deux (lettres) de l'alphabet comme établi dans le Séfer Yetsirah de notre père Abraham. Et avec Tsérouf, tu sauras faire un Maamar (acronyme). Et ensuite, en rassemblant tout ensemble on obtient Mik'alal (somme). Et ensuite, on comprendra par le Ḥésbon (calcul) afin de ne pas se méprendre dans le Tsérouf des lettres ni sur leurs voyelles* ».

On trouve aussi une explication de ce paragraphe dans le *Midrash de Shiméôn ha-Tsadiq* : « *Shiméôn ha-Tsadiq dit à ses disciples : Sachez que le Shém haMeforash est divisé en cinq parties qui sont le Tiqoun (réparation), Tsérouf (combinaison), Maamar (acronyme), Mik'alal (somme) et Ḥésbon (calcul). Le Tiqoun c'est pour que l'homme commence à l'organiser depuis le début jusqu'à la fin, comme à propos des 3 versets qui définissent le Nom de 72 lettres et qui sont vayissa, vayavo et vayavet : le premier se lit du début à la fin, l'intermédiaire de la fin au début, et le dernier du début à la fin. Et voici leur ordre de lecture : Vav-Hé-Vav, Yod-Lamed-Yod, Samekh-Yod-Teth, etc.* »

4. « *La lumière qui se dissimule* » : « *c'est Kéter qui se cache même de l'imagination et de la pensée* ». « *L'obscurité occulte* » : « *c'est la Cause première d'où ont émané toutes les émanations. Elle est appelée obscure, car elle est obscure pour notre compréhension. Il n'en existe aucune connaissance, puisqu'aucune connaissance n'existe dans l'obscurité* » (Pardès rimonim VIII).

5. « *Treize sortes de permutations* ». « *Explication : Car notre connaissance ne peut se référer qu'à la source de la flamme qui va de ḥokhmah vers le bas. C'est une révélation, car Kéter est occultée et nous n'en avons aucune connaissance. Et il est dit que sa véritable connaissance réside dans les 13 sortes de permutations. Ce sont les 13 Attributs qui se trouvent également dans Kéter, par l'intermédiaire desquels ont obtient un peu de connaissance, puisque c'est à travers eux qu'agit Kéter, dans le secret des 13 révélés dans 13 et 13 dans 13, etc.*

On les appelle « permutations », car ils sont révélés et dissimulés. » (Pardès rimonim VIII).

6. Dans le chapitre VIII section 4 de son *Pardès Rimonim*, Moïse Cordovéro cite entièrement cette section et la commente. Pour lui, le *Séfer Mâyan ha-Ḥokhmah* n'indique pas la même chose que *Shiméôn ha-Tsadiq* et que le *Séfer haQanah*. Il écrit : « *Ainsi le Tsérouf est comme une parabole indiquant que l'on se trouve devant le Nom de quatre lettres et que nous voulons le combiner. Ainsi, le Tsérouf de ses lettres donne 12 mots. Après avoir terminé ces 12 permutations, si nous en faisons une treizième on revient au Tiqoun qui est sa source. Et cela signifie que le Tiqoun va vers le Tsérouf, et le Tsérouf revient vers le Tiqoun, car à la fin le Tsérouf retourne la chose vers sa source, c'est-à-dire au Tiqoun qui est le Nom de la façon dont il s'écrit. Et cela se réfère assurément à l'attachement des Branches que sont les combinaisons obtenues à partir du Nom qui est la racine. Elles sont attachées à leur racine, sortent, se propagent, et réintègrent leur source* ».

ועתה יש לנו לחפש אחר הדברים אשר הם גלוים ונעלמים, כגון אדני האלף מתחלקות לחמשה ראשים, כיצד כשתפתח פיך לומר אלף הנה שני דברים, ואלו השני דברים הם שני תיבות א א ואם תאמר א א מתחלקים בארבע א א א א וכשתשים השנים לראש והשנים לסוף תמצא שיש אויר בנתיים, והאויר לא תוכל לומר שאינו א כמו כן שאינו פחות מזה, אם כן הרי חמשה א א א א וא אינה פחותה משנים, כשתחשב אותם תמצאם עשר כנגד היו"ד והיו"ד חשבונו עשרים, והעשרים הם ארבעים, וארבעים הם פ', והפ' הם ק"ס, בענין הכפל יש להשיבו אל עיקר היו"ד:

§ 3 – À présent, nous allons investiguer étudier ces questions secrètes qui sont visibles et invisibles, comme l'est *Adonaï*. Le *Alef* se divise en cinq têtes [1]. Comment ? Lorsque tu ouvres ta bouche pour dire *Alef*, et voici deux paroles. Ces deux paroles sont deux mots : A A. Si tu dis A A, ils se divisent en quatre : A A A A. Si tu en places deux au début et deux à la fin, tu découvriras qu'il y a un peu d'air entre eux. Tu es dans l'incapacité d'affirmer que cet air n'est pas un *Alef*, ni moins que cela. Par conséquent, ce sont cinq : A A A A A. Comme *Alef* n'est jamais inférieur à deux, quand tu les calcules, tu découvres qu'ils sont dix, en correspondance à la lettre *Yod*. Le calcul de *yod* est de vingt, qui devient quarante, et les quarante font quatre-vingts, et les quatre-vingts font 160 par doublement du *Yod*. Revenons maintenant à la racine du *Yod*.

1. *Alef*, première lettre est considérée comme un son neutre. Le seul fait d'ouvrir la bouche, séparant la lèvre du haut de celle du bas crée une dualité. Ainsi, la lettre va se dédoubler à l'infini. Les cinq alefim peuvent évoquer les cinq sons des voyelles naturelles que sont : o, a, é, i, ou, sons servant de base aux vocalisations et aux *tséroufim* d'un kabbaliste tel qu'Abraham Aboulâfia.

    Cinq qui deviennent dix, ne manque pas de rappeler le *Séfer Yetsirah* lorsqu'il décrit les 10 *Sefiroth belimah* : « *Cinq correspondent à cinq, comme les doigts de la main* ».

    Yod a une valeur de 10. Toutefois, lorsqu'on écrit les lettres de son nom, ce sont trois lettres : *yod-vav-daléth*, dont la somme est égale à 20 (10+6+4). Nombre qui se dédouble selon le principe du *Alef* posé au-dessus.

כיצד כשתחשוב אלו המאה וששים י"י תמצאם י"ו עשיריות, הוציא מכל עשרה שנים תמצא ל"ב וכשתכפלם תמצא ס"ד וארבע אלפים א א א א בהברה כפולים הרי ע"ב כנגד שמות של הקב"ה, והם עיקר הכל ומונחים על הכתר, ובאלו פותח וסוגר משלח ועוצר כאשר יטב בעיני היוצר, כשתוציאם כן ישאר א' שהוא א' חק מכריח בינתים:

§ 4 - Comment ? Lorsque tu calcules ce 160 par décades, tu découvriras qu'il y a seize décades. Supprime 2 de chaque décade et tu observeras un total 32. Si tu doubles ces dernières, tu obtiendras 64. Ajouter les quatre *Alefim* - A A A A -, avec leur double cela fait 72, qui correspond aux 72 Noms du Saint, Béni soit-Il. C'est le principe du tout. Ils sont positionnés sur *Kéter*. Par eux, il ouvre et ferme, envoie et confine, tout ce qui est agréable aux yeux du Formateur. Quand tu les ôtes, il reste un *Alef*, qui est *l'Alef* qui sert de pivot entre eux.

ועתה אשוב אל העיקר הראשון שהוא קדמון בתנועתו וממנו מתפשטין השלהביות הנפרדות שהם רחוקות מן התנועות, כדי שיתברר הדבר ואלו תצטרך להתקרב אל השלהביות, אשר הם חזוק מחזוק, וחום מחום, ויקוד מיקוד, עד ז"פ, שהם אחוזות כלם בכנפי היו"ד, והיו"ד היא תמורה, והתמורה היא תנועה, והתנועה צירוף, והצירוף עשיה, והעשיה מאמר, עד שתחקור ותחשוב ותחפש ותיישב, ותעמוד ארבעה שמות ביו"ד:

§ 5 - Maintenant, je vais revenir au premier principe, qui précède sa *Tenouâh* (mouvement). De là, les flammes individuelles s'étalent. Elles sont éloignées des *Tenouôth*, afin de clarifier le *Davar*. Si tu dois approcher des flammes, qui sont sept fois plus fortes que fort, plus chaudes que chaud, et plus fières que le feu. Elles saisissent tous les déploiements du *Yod*. Le *Yod* est la *Temourah* (permutation). La *Temourah*

est la *Tenouâ*. La *Tenouâ* est le *Tsérouf*. Le *Tsérouf* est l'œuvre (*Assiah*). L'œuvre est l'acronyme. Continue : sonde, examine, cherche, rapproche, et établis les quatre noms dans le *Yod*.

ואלו הם ביאור ארבעה שמות ביו"ד, ואלו הם ארבע אותיות שהם כגחלת קשורה בשלהבת, והשלהבת מתחלק לד' ראשים, וכלם מורות על ענין אחד, והאחד עיקר יו"ד, ועל כן היא היו"ד מעיין המתגבר, ומימין מתפשטים לעשרים וארבעה חלקים, והחלק לד' שרשים, והשרשים לד' ענפים, והענף לשני תנועות, והתנועות נפרדים עד אין חקר, עד ששבים חלילה, וחוזרים למעיין אשר היו ממנו, וכמו כן אלו ארבעה שמות שאמרנו, והשמות אלו הם, האחד אהי"ה, והשני ידו"ד, והשלישי אדנ"י, והרביעי ייא"י:

§ 6 - Cela constitue l'explication des quatre noms dans le *Yod*. Ce sont les quatre lettres qui sont comme le charbon relié à la flamme, et la flamme se divise en quatre têtes. Tous enseignent à un unique sujet. En conséquence, ce *Yod* est une source jaillissante et ses eaux se répartissent en vingt-quatre parties. Chaque partie a quatre racines. Chacune des racines a quatre branches (déploiements). Chaque branche a deux *Tenouôth*. Les *Tenouôth* se divisent jusqu'à l'ininvestigable, jusqu'à ce qu'elles se retournent et reviennent à la source d'où elles sont issues. De même pour les quatre noms dont nous avons parlé. Il y a quatre de ces noms. Le premier est *Ehyéh*, le second est *Yhwh*, le troisième est *Adonaï*, le quatrième est *Yyaï*.

ודע ובין וחקור וחשוב, והעמד וסמוך דבר לדבר, והמשל משל למשל, עד שתעמוד על בירור הדברים, כי כל חכמה ובינה וכל דעת ומחשבה וחקירה וידיעה ותנועה והגיון ודבור ולחש וקול ופעול ומשמר ומפעל הכל תמצא בזה השם, וכשתרצה לעמוד ולהתחכם באלו ארבע אותיות היוצאים מרל"ו שערים,

ומהם תעלה למעשה ומהמעשה לנסיון, ומהנסיון לראיה, ומראיה לחקירה, ומחקירה לידיעה, ומידיעה למעלה, וממעלה לישוב הדעת, עד שתעמוד על בירור כל דבר ודבר, ותתחכם לשון ותבין מלת אדם ודבור בהמה, וצפצוף עופות ומלות חיות, וצעקת כלבים אשר הם לדעת המזומן לבא, ומזה תתחכם במעלה ובמדרגה עליונה להבין שיחת שדים ושיחת מלאכים המשרתים פני האשים, ושיחת דקלים ותנועות ימים וצירוף לבבות והגיון לשונות וחשבון כליות עד שתעמוד בבירור גמור ותתיישב בדעתך לישב במחשבת עליון היושב באויר שאין מדרגה למעלה [הימנה], ואין חקר מצוי לכל וזה החקר אין תכלית:

§ 7 - Scrute, comprends, explore, considére, soutiens, et juxtapose une chose contre une autre et examine les analogies, jusqu'à ce que tu comprennes l'explication de ces questionnements. Car l'ensemble de la *ḥokhmah* et de la *Binah*, de tout le *Daâth* et de la pensée, de l'investigation, du savoir, du mouvement, de la logique, du parler, du chuchotement, de la voix, de l'action, de la vigilance, et de l'engagement se trouvent dans ce Nom. Lorsque tu souhaites comprendre et t'éclairer au sujet de ces quatre lettres, calcule-les en utilisant les 231 portes[1].

Par elles, s'élèvera l'Œuvre, de l'œuvre à l'expérience, de l'expérience à la vision, de la vision à l'introspection, de l'introspection à la connaissance, de la connaissance à l'ascension et de l'ascension à la sérénité du *Daâth*. Jusqu'à ce que tu transcendes la clarification de chaque chose, et la subtilité du langage. Tu comprendras alors le mot de l'homme, le discours de l'animal, le gazouillis des oiseaux, les mots des *ḥayoth*, les aboiements des chiens : qui sont le *Daâth* du mélomane qui va. Ainsi, tu deviendras un Sage transcendant, du plus haut niveau, capable de comprendre le langage des démons et le langage des anges au service des feux. Les conversations des palmiers, les ondoiements des mers, et le *Tsérouf* des cœurs et des pensées les plus intimes. Enfin, tu atteindras une clarté complète et la sérénité dans ton *Daâth*, pour siéger dans la Conscience suprême, qui réside dans l'éther. Il n'y a pas de niveau plus élevé que celui-ci. Nulle investigation ne peut l'englober. Cette investigation est sans limite.

1. Il s'agit des 231 portes décrites dans le *séfer Yetsirah*, qui s'établissent par la combinaison de chacune des 22 lettres avec les 21 autres (22 x 21 = 462). Soit 231 dans un sens et 231 dans l'autre.

ועל זה אמר איוב החקר אלו"ה תמצא, רוצה לומר חקירות התנועה מיוסדת בדבר הנמשכת ממקום המאמר, והיא מתפשטות בחלק הריבוע, ועל זה היה לנו לומר בארבעה שהוא ארבע, ולקחנו מדה ממשקל, ומשקל ממדה, ומשקל מריבוע, וריבוע מטופח, וטופח מזרת, וזרת מיד, ויד מזרת, והכל בעיגול, ועיגול לקחנו אותו מא', וא' מיו"ד, והיו"ד היא המעיין, ושרשיה שרשות, ומקורי הדבוקות, והסיפות מיוסדות בתיקון המעגל, והמעגל הוא מסבב לסובב, וסובב לניצב, וניצב לעומד, והעמידה חוקרת, והחקירה דוממת פי מחשבת, והדממה צוומת, והצוווחה יוצאת, והיוצאת יולדת, והיולדת נובעת, והנובעת מתפשטת, ומתפשטת מתגברת, ומתגברת מתנוצצת, וזהו האויר הקדמון ובו חוזרים כל הכללים לפרטים, והפרטים לכללים, וכלם ביו"ד כוללים, ומשלשלים וחוזרים ומצוווחים, ובחזרתם מתעגלים, ובעיגולים מתחממים ורצים במרוצת הכסף המתחמם באש, עד שמתחברים זה עם זה כחתיחת הכסף המצורפים המצטרפים זה עם זה בהתחממם באש, והחלקים מתחברים חלק חלק עד ששוין כאחד:

§ 8 - Au sujet de la parole de Job : « *Trouveras-tu Eloha en le sondant ?* » (Job 11:7). Cela se réfère à l'examen de la *Tenouâ* (mouvement ou voyelle), qui est fondamental pour une chose et qui dépend du lieu de son acronyme. Il se propage en quatre parties. Pour cela, nous devons déclarer qu'il est quadruple. Nous avons tiré une mesure d'un poids, un poids d'une mesure, un poids d'un carré, un carré d'un empan, un empan d'un doigt, un doigt d'une main et la main d'un doigt et le tout dans un cercle. Nous l'avons arrondi par le *Alef* et le *Alef* par le *Yod*. *Yod* est la « Source ». Ses racines sont enracinées et ses ruisseaux sont connectés et les gouttelettes sont fondées dans le *Tiqoun* du cercle. Le cercle entoure ce qui englobe, pivote et fait se lever, se dresse le questionnement, le questionnement est dans le silence de la Conscience s'extrait. Il crie silencieusement s'immobilise, et enfin clame. Il enfante, jaillit, et se dilate. Cette expansion se renforce et rayonne. C'est *l'Avir Qadmon* (éther primordial). Par cela, tous les principes reviennent aux détails et les détails aux principes. Tous sont inclus dans le *Yod*. Ils résonnent tous et reviennent et crient. À leur retour, ils deviennent des cercles. Dans leurs cercles, ils sont chauffés et coulent comme l'argent fondu qui est chauffé par le feu, jusqu'à ce que tous soient joints, l'un avec l'autre, comme un morceau d'argent qui est raffiné et soudé, par la chaleur du feu. Les parties sont jointes, morceau par morceau, jusqu'à ce qu'elles redeviennent une.

זהו שאמרנו מהתנועה כשיפתח אדם פיו לומר א׳ נעשה שני חלקים קול ורוח, שהתנועה היא הבל, מפני שיוצאה בההברה, מורה על א׳, והרוח הוא אויר ומורה

על א' שני, הרי שני א א, ושניהם כאחד נקראים דבר מפני האויר שבא משניהם,
וזהו קול ורוח ודבור, וא' שלישי כמו כן קול רוח ודבור, וא' רביעי כמו כן קול
ורוח ודבור, שכבר אמרנו ששני תנועות ד', א א א א א"ב בד' פעמים תמצא ד'
דברים, דבר דבר דבר דבר, הוצא אלו ארבעה דברים שהם האויר שבין האלפים
שהוא מתחלק לארבע, לשנים כדי לכלול שני דברים כאחד, תמצא שזו היא האלף
הנוספת,

והם ה' אלפים א א א א א, ואלו ארבעה הם כחות המתגברות והמתפשטות
והמשתנות בבנין הגוף ה' הנשארת הוא אדון, והוא אדון יחיד וממנו יוצאים
ניצוצים שהם מתנוצצים כשלהביות ירקות, ומתחלקים לכמה גוונין, וכל גוון וגוון
מורה על ענינו, ויורה לכל מי שיצפה בצפייתו איך יצפה וכיצד יחקור ויעמוד על
חקירה, ובאיזה [ענין] יעמוד על הדמיון לדרוש ולתור ולחכם, וכל תנועה ותנועה
כיצד ישתנו, וכיצד יתחלקו, וכיצד ידבקו, וכיצד יתפזרו, ויקבצו, ויתלבנו,
ויתבלבלו, ויוצאים בכמה כתרים סתומים ומוכתרים ונעטרים, ומורין על ענינים
קבוצים וכלם רצופים ומוסתרים, (וחשובים וכלויים) [וחשוכים וגלויים], והכל
חוזר למקום אחד (ולכוון) [ולגוון אחד ולענין] אחד עד שחוזרים (כשני) [ענפי]
שלהביות להיות שנים כאחד, והאחד הם י"ג, והי"ג הם א, כי היא כחשבון יו"ד,
כיצד האלף היא שנים כמו שאמרנו, וחמשה א א א א א כלם כן, הרי יו"ד,
וכשתעשה מאלו הי"ג חלקים ישאר אחד, ואחד הוא אלף:

§9 - C'est ce que nous avons dit au sujet de la *Tenouâh*.
Quand un homme ouvre la bouche pour dire A, il devient
deux parties : Voix et souffle. La *Tenouâh* (mouvement de la
voyelle) est la voix, puisqu'elle est produite au moyen de la
prononciation. Cela correspond au [premier] A. De plus, le
souffle qui est l'éther, correspond au second A. Par
conséquent, il y en a deux : A A. Les deux sont appelés *Davar*
(parole, chose) dû à l'éther qui vient des deux. C'est [le sens
de l'expression] « *voix, souffle, et parole.* » (Sefer Yetsirah, 1:9).
De même, le deuxième A est aussi « *voix, souffle, et parole.* »
Le troisième A est également « *voix, souffle, et parole.* » Le
quatrième A est également « *voix, souffle, et parole.* » Car nous
avons déjà noté que deux *Tenouôth* produisent quatre *Alefim*,

quatre fois. Tu découvres quatre mots : *Davar*, *Davar*, *Davar*, *Davar*. Prends ces quatre mots qui correspondent à l'éther entre les *Alefim*, qui se divise en quatre, et renvoie-les à deux afin d'inclure deux mots en un. Il en résulte un *Alef* supplémentaire.

Ce sont les cinq *Alefim*. Les quatre sont les puissances qui renforcent et s'intensifient et se transforment dans la construction du corps. Le *Alef* restant est le maître de tous. C'est le Maître unique. Il émet des étincelles qui rayonnent dans des flammes vertes. Elles se divisent en plusieurs couleurs. Chaque couleur est indicative de sa nature et informe quiconque les contemple, comment il doit contempler et de quelle manière il devrait s'enquérir et comprendre. De quelle manière il devrait comprendre la représentation visuelle, pour étudier, analyser, et s'illuminer. Comment chaque *Tenouâh* est assimilée, divisée, liée, dispersée, rassemblée, blanchie et mélangée dans de nombreuses couronnes cachées qui sont coiffées et ornées ? Elles enseignent des sujets collectifs : tous sont consécutifs, cachés, obscurs, et révélés. Tous retournent à une source et à une matière, jusqu'à ce que tous les déploiements de la flamme reviennent en un lieu unique. Un est treize et treize sont un. C'est comme le calcul du *Yod*. Comment ? Le A est deux, comme nous l'avons dit. Les cinq A A A A A doublent, faisant *Yod*. Si tu divises ces dix en trois groupes, il reste un. Et *éḥad* (un) c'est *Alef*.

ועתה אבאר בבירור גמור כיצד הא' היא בחשבון ד', כשתחשוב ד' פעמים ד' הם י"ו, הוציא מהם הא' שהיא בחשבון הב' ישארו י"ד, הוציא מהם האויר היוצא משניהם שנחשב בא' אחד, הרי יוצא מי"ו ג', ישארו י"ג נגד י"ג מדות, אלו י"ג מדות מורות כל אחד על ענינו, וכל אחד ואחד עד מתכונת מקומה, והספר והסיפור והכלל והמאמר והספר ומשך המעיינות ושרביטי המקרות:

§ 10 - Maintenant, je vais expliquer complètement comment *Alef* totalise quatre. Lorsque tu multiplies quatre par quatre, cela donne seize. Soustrait le Alef, qui représente en fait deux, et il reste quatorze. Soustrais d'eux l'éther qui émane de chacun d'eux, considéré en conjonction avec cet *Alef*, donc trois sont soustrais de seize. Lorsque tu soustrais trois de seize, reste treize, correspondant aux treize attributs. Chacun de ces treize attributs se réfère à son aspect particulier. Chacun selon les propriétés de sa place : le livre, le récit, le principe, l'acronyme, et le nombre, ainsi que les conduits des sources et des sceptres des sources.

ועתה הסתכל ותבין, תכין לבך למדה הראשונה שהיא ארוכה ונכונה וישרה כמו השרביט, ועל אלו העניינים נקראים כל אלו המדות שלהביות, והשלהביות שרביטים, והשרביטים עינים, ועינים מתחלקים כל אחד ואחד לד׳ עניינים, והעניין למקור, והמקור לבנין, והבנין לקפא, והקפא לגחלת, והגחלת הם אבן זו העניינים כלם, ועל זה נאמר השלהביות בגחלת, ומשלהבת יוצא האויר, והאויר הוא העיקר על אשר על בנין ומפעל ותיקון ומשקל וחשבון ואמר ומאמר ומכלל, והכל הוא עיקר:

§ 11 - Maintenant observe et concentre ton cœur sur le premier attribut, qui est long, fermement établi et droit comme un sceptre. En ce qui concerne ces questions, tous ces attributs sont appelés flammes, et les flammes sont des sceptres, et les sceptres sont des sources. Chaque source se divise en quatre questionnements. Chaque questionnement devient une source, chaque source devient une structure. La structure gèle et la glace devient un charbon. Ce charbon est la pierre de tous les questionnements. À cet égard, il est indiqué, « *flammes attachées à un charbon.* » (Séfer Yetsirah 1:7) Des flammes émane l'éther. L'éther est le principe révélateur de la structure, de l'action, du *Tiqoun*, du poids, du calcul, du parlé et de l'acronyme. Le principe de base est à l'origine de tout.

ועתה יש לנו להבין ולהתבונן ולהשיב ולהסתכל במחסרי לבנו, במחשבותינו ובהגיוניינו, ובראיית עינינו, ובתנועות רוחנו, ובלחישת לשוננו, ובמוצא שפתינו, עד שנעמוד על הבירור והנכון, עד ידיעת אלו העניינים כלם, ונתחיל מן הענין בשביל שהוא ראש לכל ראשון (ותקוה) [ותקנה] לכל תיקון, ויורנו עד דרך הנכון:

§ 12 - Maintenant, nous devons comprendre, contempler et interroger nos cœurs, avec nos pensées et nos ressentis, par les visions de nos yeux et les mouvements (*tenouôth*) de notre esprit, par le murmure de notre langue, et l'expression de nos lèvres jusqu'à ce que nous puissions acquérir avec certitude absolue la connaissance de tous ces questionnements. Nous allons commencer par le premier sujet, car c'est le début de tous les débuts, et le but de chaque *Tiqoun*. Il nous guidera sur le chemin correct.

ודע כי הקב"ה המצוי הראשון, ולא נקרא מצוי רק מי שהמציא את עצמו, ואחר שהמציא את עצמו יש לו לעמוד ולהתבונן בחקירות מציאותו כיצד התחיל, או באיזה דרך הדריך, או העמידה באיזה נתיבה היה (ואם הוא נתיב היה) ואם נתיב אחד הוא או נתיבות הרבה, או לכמה נחלקים, או לכמה עניינים נוטים, או מה רוצה לילך דרך או נתיב, או שהשבילים צרים וקצרים והנתיבות יתירים והדרכים רחבים, והשבילות והנתיבות באומות, והדרכים נחקקים כדמות זכר ונקבה,

ועל זה העניין מתפשטות ומתלבנות בפלאי פלאות, והפלאות מפליאות, ומן המפליאות השלהביות, ומן השלהביות החוטים נמשכים ויוצאים, וחוטים מתעבים מעובים מתגברים עד שנעשו שרביטין, וזהו העיקר דהכל חוזר חלילה, ומתרומם והולך עד ששב לאויר כמו שהיה, והאויר הוא העיקר,

כי קודם שנבראו שמים העליונים הנקראים שלש מאות ותשעים רביעית שהם מדורו של הק', וקודם שנעשו

- ערפל
- חשמל
- פרגוד
- כסא
- מלאך
- אופן
- חיה
- כרוב
- מזל
- ריבוע,

אשר הוא ריבוע שממנו יצאו, וקודם שנבראו הימים והמעינות והאגמים נהרות ונחלים, וקודם בריאת חיות ובהמות ועופות ודגים שרצים ורמשים שקצים ואדם ושדים ומזיקים ולילין ורוחין, וכל מיני אויר קודם היה אור שהוא עיקר שממנו יצא אור המזוקק מאלף אלפים ורבי רבבות מיני מאורות, וזהו אור הקדמון שהוא עיקר, ומפני זה נקרא רוח הקודש:

§ 13 - Sache que le Saint, Béni soit-il, est la première existence. Seul ce qui se produit est appelé existant. Puisqu'Il s'est autogénéré, nous pouvons comprendre et investiguer sur Son existence. Comment a-t-il commencé ? De quelle façon s'est-il inventé ou maintenu ? Par quel chemin était-ce ? Était-ce une voie ou de multiples voies ou par de nombreuses divisions, ou par quels modes at-il procédé ? Qu'en est-il ? C'est-à-dire, était-ce une route, une voie, ou un chemin ? Car les chemins sont étroits et courts, les voies sont plus grandes, et les routes sont encore plus larges[1]. Les sentiers sont comme des enfants, les ruelles sont comme des mères, et les routes sont gravées dans l'image du mâle et de la femelle.

En conséquence, ils se dispersent et sont blanchis dans de merveilleuses merveilles et des merveilles merveilleuses. Les merveilles sont des flammes et des filaments de flammes en ont été dessinés et propagés. Puis les filaments ont épaissi et leur épaississement a continué jusqu'à ce qu'ils deviennent des sceptres. C'est la racine fondamentale de tout ce qui retourne et se dissout pour revenir à l'éther, comme cela était auparavant. L'éther est le principe de base.

Avant la création des cieux suprêmes, sont les 390 quartiers[2] qui constituent la résidence du Saint, béni soit-Il, avant le façonnage :

- de l'*Arafel*[3] (brouillard),
- du *Ḥashmal*[4],
- du *Pargod*[5] (écran),
- du Kissé (trône),
- de *Malakh* (ange),
- de l'*Ofan* (roue),
- de la *Ḥayah* (vivante)
- du *Kerouv*,
- le *Mazal* (étoile)
- le Carré, qui est le carré d'où sont sorties les eaux.

Avant la création des eaux, des lacs, des sources, des lacs, des rivières, des ruisseaux. Avant la création des Hayoth et des animaux, des oiseaux, des poissons, des reptiles, des insectes, d'Adam, des démons, des destructeurs, esprits nocturnes, des fantômes. De toutes sortes d'éther avant que ne soit la Lumière, qui est le principe de base de qui est sortie la Lumière, plus raffinée que mille milliers de milliers et dix mille myriades de sortes de lumière. Ceci est la Lumière primordiale. C'est le principe-racine. C'est pourquoi on l'appelle Esprit-Saint.

1. Dans son Pardès Rimonim (12:1), Moïse Cordovéro commente ce passage de la sorte : « *Il est possible que les Chemins (shevelim) soient des Sentiers (nétivoth) contenus dans chaque Sentier, car les Sentiers sont assurément tous contenus dans leurs voisins, et chaque Sentier est contenu dans les 32 Sentiers. Les Chemins sont dits « étroits et courts », est c'est pourquoi les Sentiers sont des mères pour les Chemins. Et les Routes (derékim) sont plus révélées que les Sentiers, comme nous l'expliquerons dans la section sur l'arrangement des Appellations à propos des Chemins* ».

2. 390 est la valeur numérique de *shamayim* [שָׁמַיִם], les cieux. Mais aussi de *zakar ouneqévah* [זָכָר וּנְקֵבָה], mâle et femelle, expression mentionnée dans ce paragraphe. Le *séfer Raziel* mentionne que « *Sache que le Saint, béni soit-Il, a créé 390 firmaments à partir des cieux. Ceux-ci sont doubles et chaque firmament porte un nom et des surnoms, un point au-dessus, et chacun à une fonction dans le Trône de Gloire* ».

3. *Ârafel* [עֲרָפֶל] est un brouillard, une brume qui rend les choses incertaines. C'est la première brume, issue de l'éther primordial, émanant de la Pensée. L'obscurité qui précède l'apparition de la lumière. D'après la *Torah*, Moïse l'a approchée : « *Le peuple restait dans l'éloignement. Mais Moïse s'approcha de la nuée (haÂrafel) où était Élohim* » (Exode 20:21).

4. *Ḥashmal* [חַשְׁמַל] est le débordement et la grâce de la plénitude de la Lumière, une seconde source, qui apparaît lorsque se réduit la puissance de *l'ârafel*. C'est l'incroyable puissance que le prophète Ézéckiel a rencontré : « *Et je vois comme l'œil du Ḥashmal, comme une vision de feu* » (1:27).

5. *Pargod* [פַּרְגּוֹד] apparaît devant le Trône (*Kissé*) et dessous le Ḥashmal, c'est à partir de lui que se diffusent des forces de la *Merkavah*, dont la plus notoire est appelée « Fleuve de feu » (*nehar*

di-nour [(נְהַר דִּי־נוּר)], duquel jaillissent en étincelles les âmes tissées dans l'éther de la nature. Dans la littérature des Palais, le Pargod est la demeure des âmes, ce rideau dissimule le Trône de Gloire aux mondes créés, il sépare les mondes divins et les mondes humains. Le traité *Pesaq ha-Yirah veha-émounah* mentionne : « *L'unique kérouv, assis sur Son Trône de Gloire, était un pargod de la couleur du ḥashmal, nommé Ishael, et sa couleur était comme de la lumière bleue. C'est le pargod qui entoure le Trône de Gloire de trois côtés, à l'exception de l'ouest, car sa sainteté luit à l'ouest de Sa Grandeur à l'est de son Trône de Gloire* ».

ותדע ותשכיל כי קודם אלו הדברים אשר זכרנו לא היה שם אלא האויר שאמרנו והוא מחושך משני ענינים של מיני מקורות, האחד היה נובע אורה עד אין חקר ומספר הנביעות היה במהירות כמו ניצוצין שיוצאים כלם כאחד, ומתפזרין לכמה חלקים בשעה שהאומן מכה בפטיש,

ואחריו נמשך המבוע האחד שממנו נמשך החשך, והחשך הוא מעורב מג' גוונים,

- א' הוא חשך כמו עלות השחר שהוא כמין ירוק,
- והאחד הוא מחושך והוא מעורב מן ירוק ותכלת,
- ואחד הוא חשך לבן מעורב בירוק ובתכלת ובאדמון,

וזהו החשך הקדמון שיצא מן האויר:

§ 14 - Sache et comprends, qu'avant toutes ces choses que nous avons mentionnées ci-dessus il n'y avait que cet Éther, comme nous l'avons déjà dit. Il a été obscurci par deux choses, issues de deux sources différentes. De la première coulait une lumière indéfinissable, illimitée et incommensurable. Le flux était rapide comme des étincelles produites simultanément et qui se dispersent dans diverses directions lorsque le forgeron manie son marteau[1].

Ensuite, une source suinta à partir de laquelle émanait de l'obscurité. Cette obscurité se mêla avec trois couleurs.

- La première était obscure comme la montée de l'aube[2] qui est verdâtre.
- La deuxième était un mélange de vert et bleu azur.
- La troisième était blanc obscur mêlée avec du vert, du bleu azur et du rouge.

Ce fut l'obscurité primordiale sortie de l'Éther.

1. Cette image se retrouve plus tard dans l'*Idra zouta* du *Zohar* (III-292b) : « *Avant que ce monde ne soit, les faces ne regardaient pas les faces, c'est pourquoi les mondes antérieurs furent détruits, parce qu'ils furent formés sans Tiqoun. Ces mondes sans Tiqounin sont appelés « Gerbes d'étincelles » (Ziqin nitšotšin - זִיקִין נְצוֹצִין), tel l'artisan qui travaille le fer, en frappant de son marteau le fer rougi, produisant de nombreuses étincelles dans toutes les directions, qui pour finir s'éteignent* ».

2. La montée de l'aube, *âloth hashahar* [עֲלוֹת הַשַּׁחַר] est le moment où l'assaillant de Jacob lui demande de le renvoyer (Genèse 32:27). Ainsi que le moment où le ver attaque le *qiqayon* dans l'histoire de Jonas (Jonas 4:7). La montée de l'aube annonce la sortie de l'obscurité et la fin des épreuves.

ואל תחוש לחקור עליו ולעיין בחקירתו, שאפילו משה רבינו עליו השלום לא היה יכול לשאול עליו, כלומר אפילו שאלה, וכ"ש חקירה, וכל מה שאמר לא אמר אלא כדי שלא תשנה ידיעת דמותו של הקב"ה בלבו, וכשהיתה הידיעה כנגדו באחד, כלומר בשעה שנתעורר הדבר בלבו, אלא שהיה יודע הידיעה הנכונה והיתה מכוונת בדעתו, אף על פי שלא היה לו לחקור ולצפות במעלה יתירה על זו ולדרוש בה, כשידע יסודו בכוונה גמורה ולא נשתנה דמות של הקב"ה בלבו שמח, ושאל שאלתו מכוונת,

§ 15 - Ne te hâte pas d'investiguer ou de le contempler, car même Moshé Rabenou, de mémoire béni, n'a pas été autorisé à questionner à ce sujet. Ainsi, même une seule question ! Alors combien est proscrit l'investigation. Tout ce que [Moshé] a dit, il l'a seulement dit pour ne pas déformer la connaissance de l'image du Saint, béni soit-Il, dans son cœur. Lorsque cette connaissance a été correctement stabilisée [dans son esprit]. Lorsque cette question fut clarifiée en son cœur et qu'il sut avec une connaissance correcte, il resta concentré dans son esprit – même s'il n'était pas autorisé à investiguer et à contempler un tel état céleste ou à s'en renseigner quand il a perçu son *Yessod* avec une *kavanah* (intention) complète, sans que la ressemblance de la Connaissance du Saint, béni soit-Il, ne soit déformée dans son cœur : il fut heureux.

ועל זה אמר הודיעני נא את דרכיך, והשיבו הקב"ה על זה העניין לא תוכל לראות את פני, כלומר זה החשך שאתה מבקש ידיעתו שהיה לכל ממני ומקור שלי לא תוכל לעמוד על בירור חקירתו, ועל זה אמר וראית את אחורי ופני לא יראו ויונתן תירגם ית דבתראי וקדמאי לא יתחזון, כלו' שהיה קודם ממנו לא תוכל להשיגו כדי שתאמר על שאני כשאר אחדים שתאמר פלוני יצא ממקום פלוני ומקור פלוני וממקום פלוני, על זה לא תוכל לדעת ידיעת זה החשך שהוא מכוון במציאותו, אבל מכאן ואילך תדע הכל, כלומר מזה החושך ולמטה תדע, ואפילו בריאת עצמי, ועוצם שמי וכבודי,

באותה שעה התחיל משה להסתכל באויר הקדמון שהוא עיקר כמו שאמרנו, ומצאו מחשך משני עניינים, משני מקורות, האחד נובעת אורה והשני נובעת חשיכה, והנבועות נמשכות דרך הצינורות, ומקלחות, והקילוח חוזר להיות כך כמו סילון, והסילון חוזר להיות דק ביותר עד ששב כחוט, ובאותו הדקות יתנהג וימשך עד שמשליך טיפין טיפין דקים קטנים, ואתם הטיפין מתחברים ונעשים חתיכות, והחתיכות הולכות וגודלות עד שנמשכים ויוצאים בחיזוק גדול, ומתקרבים זו עם זו, ומתערבין זו עם זו, ומתפשטים ומצטרפים עד שיצא מהם לחלוחות, והלחלוחות

נגר ונמשך ונקפא, ובקיפוי יהא צח ויתלבן ויתברר עד שיתפזרו אותם החתיכות הראשונות שאמרנו ויצא מהן כמין קצף שהוא צף על פני המים,

(נ"א ונעשה הכל לחלוח, ומזה הלחלוח יוצא רוח, וזה רוח הקודש, ועל זה נאמר ורוח אלקים מרחפת על פני המים), כלומר, הרוח היה מתגבר בקדושה ונעשה חדודים חדודים, וכל חידוד וחידוד נעשה ענף, וכל ענף וענף נעשה שורש בפני עצמו שממנו יוצאים כמה ענינים וכמה דברים:

§ 16 - Puis il a posé sa question précise, comme il est mentionné : « *de grâce, informe-moi de tes chemins* ». Le Saint, béni soit-Il, lui a répondu sur ce sujet : « *Tu ne peux pas voir ma Face* » (Exode 33:20). C'est-à-dire, la connaissance de cette obscurité que tu demandes, car cela concerne tout de Moi et de ma Source. Tu es incapable de comprendre clairement une telle investigation. À cet égard, il est indiqué : « *et tu me verras par derrière, mais ma face ne se verra pas* » (Exode 33:23). Cela a été traduit [en araméen] « *Tu verras ma fin, mais mon commencement ne sera pas vu* ». C'est-à-dire, ce qui m'a précédé, tu seras incapable de le percevoir, de peur que tu ne dises de Moi que je suis comme le reste. Car tu pourrais dire qu'une telle dérive de cette source, et que cette source dérive de cette autre source. Par conséquent, tu ne posséderas pas la connaissance de cette Obscurité qui est le point focal de Mon existence. Cependant, à partir de maintenant, tu dois tout savoir. C'est-à-dire, de cette Obscurité et de ce qui est en dessous, tu connaîtras tout, même la création de mon Essence et l'essence de mon Nom et de ma Gloire.

À ce moment-là, Moïse a commencé à contempler l'Éther primordial, qui est le principe-racine, comme nous l'avons déjà dit, et a découvert qu'il est obscurci par deux choses, concernant deux sources. De la première un flux de lumière et de la seconde l'obscurité[1]. Ces déversements sont représentés par des canaux et des ruisseaux. Le ruisseau est transformé en quelque chose ressemblant à un tuyau et le tuyau est transformé en quelque chose d'extrêmement mince, comme un fil. Grâce à cette minceur il est dirigé et tiré jusqu'à ce qu'il éjecte de très petites gouttelettes. Ces gouttelettes s'intensifient et deviennent des agrégats. Les agrégats continuent à grandir jusqu'à ce qu'ils soient définis et émergent avec une grande force. Ils se rapprochent et se mélangent les uns avec les autres. Ils s'étalent et se rassemblent, jusqu'à ce que l'humidité émerge d'eux. Cette humidité s'écoule, se définie et puis se solidifie. La solidification rayonne, devient blanche et claire, jusqu'à ce que les agrégats originaux que nous avons mentionnés aient été disséminés. D'eux émerge une sorte d'écume, flottant sur la surface de l'eau. Tout cela devient de l'humidité.

De cette humidité émerge une *Rouaḥ* (souffle ou esprit). C'est la *Rouaḥ ha-qodésh* (Esprit saint). Une allusion concerne cela : « *Et la Rouaḥ d'Elohim lévitait sur les faces des eaux* » (Genèse 1:2). C'est-à-dire que la *Rouaḥ* se renforce en sainteté et s'affine elle-même. Chaque affinage devient une branche. Chaque branche devient une racine pour elle-même. De chacun d'eux émergent plusieurs puissances, des questionnements, et des choses.

1. Le flux de lumière c'est le *Ḥashmal* et le flux d'obscurité c'est l'*Ârafel*.

והנה לך הדברים הבירור והדומה כדי שתדע ותבין רוח הקדש, הוא הרוח היוצא מן הלחלוח הנמשך מן הנביעות, שאחד מהם נובע אורה והב׳ נובע חשיכה, והקצף הנשאר הוא לבן המעיין האודם קבוע בלובן והלובן באודם, ובו מתקבצים העניינים ונדבקים זו בגב זו וזו בגב זו, עד לאין חקר, עד ששבים דקים דקים.

ואלו השני מקורות שמהם הנביעות הנובעות הוא ענין אחד הבא מן החשך הקדמון המורה על צורה ובריאה, ושינוי הצורה והבריאה היא נפרדת ומשתנה מדמיון חברתה שהיא דוגמת דקופה שנכפסה, והיא אמצעי וסובבת ויושבת בראש ויונקת כח כלם, ונדונת עם כלם, וכלם נמשכים ויוצאים ממנה, ואין בה דמיון ולא הפרש אלא מראה הלבן והאודם, ועל כן היא נעשת שני חלקים, ומן החלקים המקורות, ומן המקורות

- האחד נובע אורה שהיא נחלקת לשני גוונים האלו שאמרנו שהם מראה הלובן והאודם,

- ומן המקור השני נובע החשך

שהוא מעורב בשלשה גוונים, ושני המקורות המשתנים והמשנים גווניהם בהמשכם, כי בהיותם בכח החשך הקדמון אינם אלא שני גוונים כשאר החשך, אבל בהמשך גווניהם נשתנו לגוונים הרבה הנכללים בחמשה גוונים שזכרנו,

ואלו החמשה גוונים הם השלהבת היוצא מן האויר, ומתחלת בתנועות, כי כבר אמרנו כי שני הנביעות הם ענין אחד הבא מן החשך הקדמון, ואורה צורה ואותה צורה בהשתנותה מצטיירי מצטיירותו במיני צבעונים וגוונים צבעונים עשרה, וכל גוון וגוון בפני עצמו יש בו מספר עשרה, עד שהם עולים למאה, והמאה הם חוזרים חלילה במאמר ובחשבון ומכלל, דבר בדבר, וחשבון בחשבון, ומאמר במאמר, עד ששבים לחשבון א', והאלף הוא עיקר, ואלו עשרה גוונים הם נובעים מהחושך, והם

1. אויר מאויר
2. זוהר מזוהר
3. זיו מזיו
4. אור מאור
5. אור מזוהר
6. זיו מאור
7. אור מזיו
8. זיו מזוהר
9. זוהר מזיו
10. יקוד מיקוד

הרי עשרה,

1. הראשון הוא אור מופלא, וזהו אויר מאויר,
2. והשני אור הנסתר וזהו זוהר מזוהר,
3. והשלישי הוא אור (המתפצץ) [המתנוצץ] וזהו זיו מזיו,
4. והרביעי אור צח, וזהו אור מאור,
5. והחמישי אור מצוחצח וזהו אור מזוהר,
6. והששי אור הזהיר, וזהו זיו מאור,
7. והשביעי אור מזוקק, וזהו אור מזיו,

8. וההח׳ אור צח ומצוחצח, וזהו זיו מזוהר,
9. והט׳ אור בהיר, וזהו זוהר מזיו,
10. והעשירי אור נוגה, וזהו יקוד מיקוד:

§ 17 - Voici une explication et une analogie, afin que tu comprennes et saches que l'Esprit-Saint est la *Rouaḥ* qui émerge de l'humidité qui a été extraite des épanchements. De l'une d'elle coule la Lumière et de la seconde l'Obscurité. Et l'écume qui reste est blanche, colorée de rouge, car le rouge est fixé dans le blanc et le blanc dans le rouge. Ainsi, ces choses se rassemblent-elles et adhèrent-elles incommensurablement l'une à l'autre, jusqu'à ce qu'elles deviennent extrêmement minces.

Ces deux sources d'où s'écoulent les épanchements sont une chose qui provient de l'Obscurité primordiale. Cela enseigne la forme, la création et la différenciation de la forme. L'entité créée, qui est séparée et différente de l'imagination de ses homologues, a la forme de quelque chose de droit qui a été courbé. Elle est au milieu, englobe et se positionne à la tête. Elle sustente la puissance de chacun d'entre eux et elle est soutenue par chacun d'eux. Tous sont extraits et émergent d'elle. Elle n'a pas d'imagination ou de différence, hormis la vision du blanc et du rouge. Par conséquent, elle se scinde en deux parties et de ces parties dérivent les sources.

- D'une source coule la Lumière qui est divisée en deux couleurs. Ce sont celles que nous avons déjà mentionnées, la vision du blanc et du rouge.
- De la seconde source coule l'Obscurité.

C'est un mélange de trois couleurs : vert, bleu et blanc. Voici donc cinq couleurs pour les deux sources qui sont transformées et changent leurs couleurs au fur et à mesure de leurs émanations. Car lorsqu'elles existaient potentiellement dans l'Obscurité primordiale il y avait seulement deux couleurs, comme pour le reste de l'Obscurité. Mais quand leurs couleurs ont émané, elles ont été transformées en de mutiples couleurs qui sont incluses dans les cinq couleurs que nous avons mentionnées ci-dessus.

Ces cinq couleurs constituent la Flamme qui émerge de l'Éther. Elles se divisent par leurs *tenouôth* (mouvements). Car nous avons déjà mentioné que les deux épanchements sont une chose qui découle de l'Obscurité primordiale. Cela enseigne la forme et la création. Cette forme, lorsqu'elle est transformée, est représentée dans de nombreuses teintures et couleurs. Il y a dix teintures. Il ya aussi dix couleurs individuelles. Cela se traduit par cent. Les cent reviennent en arrière par *Maamar* (acronyme), par *Ḥeshbon* (calcul) et par *Mik'alal* (somme) : parole (*davar*) dans parole (*davar*), *Ḥeshbon* dans *Ḥeshbon*, et *Maamar* dans *Maamar*, jusqu'à ce qu'ils retournent au calcul du *Alef*.

Le *Alef* est crucial, par lui dix couleurs jaillissent de l'Obscurité. Ce sont :

1. Éthér de l'Éther (*Avir meavir*),
2. Zohar du Zohar (*Zohar mezohar*),
3. Radiance de radiance (*Ziv meziv*),
4. Lumière de Lumière (*Or meor*),
5. Lumière du Zohar (*Or mezohar*),
6. Radiance de Lumière (*Ziv meor*),
7. Lumière de radiance (*Or meziv*),
8. Radiance du Zohar (*Ziv mezohar*),
9. Zohar de la radiance (*Zohar meziv*),
10. Flamme de flamme (*Yeqod meyaqod*).

Il y en a dix :

1. La première c'est *Or Moufla*[1] (Lumière merveilleuse) : Éther issu d'éther.
2. La deuxième c'est *Or ha-Nistar* (Lumière occulte) : Zohar issu du Zohar.
3. La troisième c'est *Or Ħitnoutséts* : Radiance issue de radiance.
4. La quatrième c'est *Or Tsaħ*[2] (Lumière claire) : Lumière isue de Lumière.
5. La cinquième c'est *Or Mitsouħatsaħ*[3] (Lumière brillante) : Lumière issue du Zohar.
6. La sixième c'est *Or ha-Zohar* : la Radiance issue de Lumière.
7. La septième c'est *Or Mezouqaq* : Lumière issue de radiance.
8. La huitième c'est *Or Tsaħ* ou *Mitsouħatsaħ* : Radiance issue du Zohar.
9. La neuvième c'est *Or Bahir* : Zohar issue de radiance.
10. La dixième c'est *Or Nogah* : Flamme issue de flamme[4].

1. « *Or moufla* » (Lumière merveilleuse ». « *Le fait que la première soit primordiale se réfère à son antétiorité, son aspect merveilleux et son ésotérisme, même après avoir émané. Car Kéter est appelée « Lumière primordiale », on l'appelle aussi « Maître prodigieux ». Le tout ne forme qu'un seul sujet. C'est pourquoi le terme « Lumière merveilleuse » est attribué à la première »* (Pardès rimonim XI-7).

2. « *Or Tsaħ* » (Lumière claire). « *Pour se référer à la blancheur, à la clarté, comme cela est approprié pour Ħesséd, mais également pour Ħokhmah, car il s'agit de la colonne de Ħesséd, celle de la blancheur et de la clarté »* (Pardès rimonim XI-7).

3. « *Or Mitsouħatsaħ* (Lumière brillante) ». « *Ce terme est attribué à Guevourah, car Guevourah est l'axe du Din. « Brillante », parce que cela se réfère à une lumière composée de taches similaires à des taches de couleurs, comme avec l'expression « tsaħtsouħi ħalav » (particules de lait) qui a été utilisée par nos Maîtres, de mémoire bénis (Talmud Avoda zara 35a). Il s'agit de points similaires à des taches. Puisque la*

lumière de Guevourah possède la force du Jugement, elle est appelée « Lumière brillante ». Car des taches d'Obscurité et de Jugement se mêlent » (Pardès rimonim XI-7).

4. Avec l'éclairage les citations ci-dessus, du *Pardès Rimonim*, on en déduit aisément que les dix lumières sont les dix *Sefiroth* dans l'ordre de *Kéter* à *Malkouth*.

ועתה נשוב לפרש כל אור וזיו וזוהר שיש בהן על הסדר, כדי שתדע ותבין שאין החשך הקדמון בכלל מספרם, כי ממנו תוצאות כלם, וממנו יצאו המבוע שהם נובעים ממנו, והוא הנקרא אור הנמשך מאור, כי הוא מתעלם, ואי אפשר (שידוע) [שיודע] עיקר מציאותו של זה החשך, לכך נקרא חושך מחשיך, ולא בשביל שהוא דומה לאפלה אלא בשביל שאין בריה יכולה להסתכל בה, ואפילו המלאכים היושבים ראשונה במלכות שמים אינולהם כח להסתכל בו, כאדם שאין לו כח להסתכל בעין השמש החזק, ועוד שכל המאורות יוצאים ממנו, לא נקרא חושך מחשיך אלא מפני שהוא נעלם ונעלם מתועלת מכל השגת הנביאים:

§ 18 - Maintenant, nous allons revenir pour expliquer chaque lumière, chaque éclat, et chaque rayonnement qui est en elles selon ce modèle, afin que tu saches et comprennes que l'Obscurité primordiale n'est pas incluse dans leur compte. De cela tout émerge et de là émerge le flux qui en jaillit. Elle est aussi appelée « Lumière obscurcie par la lumière ». Car elle est cachée et il est impossible de connaître l'essence de l'existence de cette Obscurité. En conséquence, elle est appelée « Obscurité obscure », non pas parce qu'elle ressemble aux ténèbres, mais parce qu'aucune créature ne peut la contempler. Même les anges assis au premier rang du Royaume des cieux n'ont pas le pouvoir de la regarder. C'est comme un humain dans l'incapacité de contempler l'éclat du soleil avec son œil. En outre, toutes les lumières émergent d'elle, et donc, elle est seulement appelée « Obscurité obscure » parce qu'elle est exaltée, cachée, et dissimulée à toute perception des prophètes.

ואלו דרכיהם למוצאיהם, וזהו פירוש מעניני שזכרנו וכל ענין וענין בעניננו, האחד הוא אור מופלא שאין בו גוון, והוא דומה למראה שהכל נראים בתוכה ואין בו גוון, כי האור המופלא מקבל החילוף מן האור הנחשך מהאור, והוא ראש לכל הגוונים ואין בו גוון קבוע, והוא כעין תכלת

וכלם שווין בו, כי החשך נחשך מן האור, והוא א' שאמרנו, והוא קול בהברתו שהיא נקראת תנועה, והתנועה היא א' שנית, מה שנקראת רוח הקודש, לומר מה שהי' קודם הוא מקור אחד והוא הכל, וכשׁחוזר להיות ב' מקורות יצא המקור השני ממנו יצא רוח הקדש, קדש הוא אחד ואח"כ עושה שנים, והיה דומה הראשון למעין שיש בו מים מועטים והמקום נובע והלך וגדל עד שימשוך מהותו מעיין אחד קטן ממנו, ומאלו השנים יתפשטו כמה מעיינות, מעיין ממעיין עד אין סוף ואין מספר, וזה שאמר דוד המלך ע"ה ברמז נער הייתי גם זקנתי, כלומר אותו המעין הקדמון שהוא אור (הנחשב) [הנחשך] מהאור היה מועט (נ"א היה כמו אש ירוק וכל העשונים כלולים בו, וכשהיה באוירו ולא היה להם תנועה היה מועט) ולא היה ניכר כנער קטן שהוא קטן ומתרבה ממיעוטו, אבל בהמשך ממנו עניינים כ"א נראה זיו ונגדל ונראה כבודו ויצא דבר מדבר עד שיצאו ממנו עשרה עניינים, ואלו העניינים נקראים שלהביות, שהם כמין פקעת שיש בה חוטין הרבה, והחוטין אחוזות בשלהביות והשלהביות בגחלת:

§ 19 - Ce sont leurs chemins en fonction de leurs origines. C'est l'explication des sources, qui ont déjà été mentionnées, chacune selon sa nature. La première est la « Lumière merveilleuse » (*Or Moufla*), qui n'a pas de couleur en soi. Néanmoins, elle manifeste la puissance de chaque couleur.

C'est comme un miroir dans lequel tout est vu, mais qui ne possède pas de couleur propre. Car la « Lumière merveilleuse » reçoit l'échange de la « Lumière obscurcie par la lumière ». C'est le sommet de toutes les couleurs, même si elle ne possède pas une couleur déterminée. C'est la Source bleu azur.

Toutes sont équivalentes en elle, car l'Obscurité obscure est issue de la Lumière, c'est le *Alef* dont nous avons parlé. C'est l'écho de la Voix qui s'appelle *Tenouâh*. Car la *Tenouâh* est le second *Alef*, qui est appelé *Rouah haQodésh*. C'est-à-dire, ce qui était antérieur. C'était une Source et c'était la Voix. Lorsqu'elle s'est transformée en deux sources, la deuxième source a émergé. D'elle a émergé la *Rouah*. C'est ce qu'on appelle *Rouah haQodésh* (Esprit Saint). C'est-à-dire, avant il était un et ensuite il est devenu deux. La première étape était semblable à une source qui a peu d'eau. Cette source a continué à jaillir et à augmenter jusqu'à ce qu'il s'écoule de cette source une source plus petite. De ces deux dérivent de nombreuses sources, source après source, jusqu'à atteindre un nombre infini (*Ein-Sof*). C'est à cela que le Roi David, de la mémoire béni, a fait allusion : « *j'étais jeune et j'ai vieilli* » (Psaume 37:25). C'est-à-dire, la source primitive, qui est la « Lumière obscurcie par la lumière », était comme un feu vert contenant tous les flux. Lorsqu'elle était dans son éther, sans *Tenouâh* (mouvement), elle était petite et imperceptible, comme un petit enfant qui grandit graduellement. Cependant, quand toutes les sources s'écoulèrent d'elle, sa Radiance (*ziv*) a été vue et sa Gloire (*Kavod*) a été révélée. Une chose émergea d'une autre, jusqu'à ce qu'il sorte dix sources. Ces sources sont appelées flammes, car elles sont comme un cocon qui possède de nombreux fils. Ces fils saisissent la flamme, et la flamme saisit le charbon.

ותדע ותשכיל כי זה שאנו אומרים מהאור נמשך מהאויר שהוא אש יקד שממנו מתפרדים ומתפשטות ומתגברים והולכים כל התנועות וכל ההברות עד ששבים לד', והארבעה הם ד' אותיות שהם אש שהכל כלול בהם, ואלו הם א הא אהי"ה, וא' כבר אמרנו שהיה שתי תנועות, וכל תנועה ותנועה מתחלפות לשנים ומתחלקות לשנים והאויר שהוא מסבב לנצב אחד, הרי חמשה א א א א, וכשתוציא כל אחת מהן בשתי תנועות הם עשרה כנגד הי', וזה היו"ד שנרמז בחשבון א' הוא כח הי' של ד' אותיות ושל א' וי' מן הרבוע שזכרנו, כדי שתדע שהאותיות שהם ראש לד' שמות כולם כלולות באות א' שהוא מספר יו"ד, כשתעשה יו"ד עשרה תמצאם ק',

וזהו התיקון שהתחלנו לדבר בו, שצריך תיקון המעשה כדי שתעמוד הדבר על בוריו של הקב"ה, והמציאות ג"כ ביחוד יתברך, והחידה נמשל והמשל בתכלית, והתכלית במעשה, וזהו התיקון לכוון לבך בארבע אותיות הללו שהם יסוד השם המפורש ובהם נעלם נחל נובע ומעיין המתגבר, ומתחלקים לב' חלקים, ורצים כברק ואודם מוסיף והולך ומתגבר,

והעיקר של כלם יהו"ה, והוא חשבון כ"ו תנועות שיצאו מהאויר הקדמון, ונתחלקו לשני חלקים כל חלק וחלק בפני עצמו, וכל חשבון י"ג כנגד י"ג מקורות שנתחלקו מא', כי כבר אמרנו שא' עולה בחשבון ד', ששני התנועות שיש בה נחלקים לארבע, וכשתחשבם לחשבון המרובע לתת כח בזה תמצאם י"ו, הוצא מהם שלשה שהם קול רוח ודבור שהם עיקרים ישארו י"ג מדות:

§ 20 - Sache et comprends qu'en ce qui concerne la « Lumière obscurcie par la lumière » dont nous parlons, c'est une Flamme ardente.

Elle s'est divisée et répandue et a progressivement augmenté tous les mouvements (*ténouôth*) et les échos (accents), jusqu'à ce qu'ils reviennent à quatre. Ces quatre sont les quatre lettres qui constituent un feu qui consume tout. Tout y est inclus. Ce sont le *Alef* et le *Hé* de *Éhyéh*. Concernant le Alef, nous avons déjà déclaré qu'il constitue deux mouvements et que chacun de ces mouvements se transforme en deux et se divise en deux. En outre, l'éther qui entoure l'existence, est compté comme un. Voici les cinq : A A A A A. Si tu calcules deux mouvements (*tenouôth*) pour chacun d'eux, voici le dix correspondant au *Yod*. Ce *Yod* auquel il est fait allusion dans le calcul de *l'Alef*, c'est la puissance du *Yod* des quatre lettres de Éhyéh et de Adonaï, ainsi que du quatrième Nom que nous avons mentionné ci-dessus. Tu dois savoir que ces lettres constituent le sommet des quatre Noms. Tous sont inclus dans la lettre *Alef*, qui correspond à dix. Lorsque tu fais de ce *Yod* dix des dizaines, tu obtiens 100.

C'est le *Tiqoun* dont nous avons commencé à parler. Il est nécessaire que l'acte soit structuré (*tiqoun*) afin de comprendre correctement quelque chose, ainsi que son existence dans l'unité du Saint, béni soit-Il. L'énigme est contenue dans l'allégorie, l'allégorie dans l'objectif, l'objectif dans l'œuvre, l'œuvre dans le *Tiqoun*. Le *Tiqoun* consiste à diriger ton cœur sur ces quatre lettres qui constituent le *Shém haMeforash*. En elles est dissimulé un ruisseau coulant et une source débordante. Elles se divisent en plusieurs parties et filent comme l'éclair. Leur lumière continue à croître et à se renforcer.

Le principe-racine de chacune d'elles est *Yhwh*. Sa valeur vingt-six correspond aux vingt-six mouvements (*tenoûoth*) qui émergent de l'Éther primordial et qui se divise en deux parties. Chaque partie se sépare. Chaque partie vaut treize, correspondant aux treize sources qui se sont séparées de *Alef*. Car nous avons déjà déclaré que *Alef* s'élève à une valeur de quatre dans la mesure où les deux mouvements qui le composent sont divisés en quatre. Lorsque tu calcules leur valeur au carrée pour accroître sa force, tu obtiens seize. Soustrais de cela trois, qui sont la voix (*qol*), le souffle (*rouaħ*), et la parole (*dibbour*) – représentant leur principe-racine –, restent les treize attributs.

וכוון לבך לידע כיצד יצא הקול מאור הקדמון, וכיצד יצא מן הקול עד שנעשית
תנועה, ומן התנועה כיצד הרוח נמשך ממנה, מפני שהתנועה עצמה נקראת רוח,
ומכח הדביקות צורפם איך יצא אויר שהוא כח שלשה, ומכלל הג' האלו נמשכים
י"ג מקורות הנקראים מדות, וכל מקור ומקור נחלק לשנים, והם כ"ו מדות בחשבון
של ד' אותיות של שם המפורש כשהוא כתוב על הסדר, וזהו סידורן בשכמל"ו:

§ 21 - Dirige ton cœur afin de savoir comment la Voix a
émergé de la Lumière primordiale et comment la
vocalisation a émergé de la voix, jusqu'à ce qu'elle devienne
une *Tenouâh* ? De la *Tenouâh*, comment la *Rouaḥ* fut extraite
d'elle ? Parce que la *Tenouâh* est elle-même appelée *Rouaḥ* et
de la puissance de leur fusion connectée. Comment a émergé
l'Éther, qui est la troisième puissance ? De la combinaison de
ces trois émanent les treize sources, qui sont appelées
attributs. Chaque source se divise en deux. Ce sont vingt-six
attributs ayant la valeur des quatre lettres du *Shém
haMeforash*, écrit dans l'ordre, et ceci est son ordre : *Yhwh,
béni est le Nom de la Gloire de son Royaume éternel.*

ועתה יש לנו לפרש מהו אויר הקדמון, וכיצד יצא מהקול רוח, וכיצד יצא משניהם
דיבור, וכיצד יצא מאלו הג' הי"ג מקורות, וכמה מקורות היו תחילה קודם הגיעם
לי"ג, ואם היו מעצמן או מכח אחד, ואיך נחלק כל מקור מהי"ג לב' מקורות עד
שנעשו כ"ו מדות, והמדות כיצד נמשכו ונעשו מב' א' עד שחזרו לי"ג וי"ו ולה',
וה' לג', והג' לב', והב' לא',

כדי שיתבאר הדבר ויתלבן בלי ספק בדרך תיקונו, והתיקון שאמרו שהיא תחלת כל הוא כוון הלב וכוונת המחשבה וחשבון הכליות וצירוף הלבבות, עד שיתישב הדעת, ועושה הגיון ולשון, ומהלשון יתברר, ומהברור יעשה דבור, ומהדבור מאמר, וממאמר מעשה, וזה התחלתו:

§ 22 – À présent, il nous incombe d'expliquer ce qu'est l'Éther primordial : Comment la Voix en émergea ? Comment la *Rouaħ* émergea de la voix ? Comment le *Dibbour* émergea de deux d'entre eux ? De plus, comment les treize sources en ont émergé ? En outre, combien de sources il y avait avant qu'elles atteignent la somme de treize ? Ont-elles émergé d'elles-mêmes ou par une autre puissance ? Et comment chacune des treize sources a été divisée en deux sources, donnant finalement vingt-six attributs ? Et ces attributs, comment ils ont été extraits et transmutés de deux en un ? Jusqu'à ce qu'ils reviennent à treize, et les treize en cinq et les cinq en trois et les trois en deux et les deux en un.

Cette question sera élucidée et clarifiée au moyen de son *Tiqoun*. Le *Tiqoun* dont nous avons parlé est le début de tout. C'est l'intention du cœur, l'intention de la pensée, le calcul des reins, le *Tsérouf* du cœur, jusqu'à ce que soit stabilisé le *Daâth* et que la logique et la langue soient formées. La langue vibre et par la vibration s'accomplit le *Dibbour*. De la parole est issus Maamar (l'acronyme) et du Maamar est issue l'œuvre (*maâsséh*). C'est le début.

דע כי אויר הקדמון מן האויר שאמרנו הוא המקור הראשון, והוא אש אוכלה אש, וזה האש יש בו י"ו עינים, וכל העינים כלולים, ואין כיון בברי' שתדע כיצד תחלתם

על בוריין, ואלו העינים היו מתנועעים ונמשכים זה בזה, עד שנעשו עין אחד, ובהצטרפם היה ברור שהיה עין ירוק, ושני עין תכלת, ואז העין הירוק היה מתגבר, וזה האויר היה מצחצח ומתגלגל ומאיר ומתגלגל עד שנעשה בו דמיון סדק, ומאותו הסדק היה נובע ומתגבר ומצחצח עין התכלת, ובצאת עין התכלת מן הסדק יצאו שני מקורות, הא' מן המקור הראשון שהוא אויר הקדמון והוא עין הירוק, והשני מעין תכלת,

הראשון שיצא מן האור הנחשך מהאור שהוא אויר הקדמון המקור שיצא ממנו הוא הנקרא חשמ"ל, וכשיצא נבקע האויר, ומאותה בקיעה יצא קול, וזה הקול היה מתפשט ומתגבר עד שנעשה אלף אלפים ורבוא רבבות מיני אור, ומהאור יוצא זוהר, ומהזוהר יוצא זיו, ומזיו יוצא אור מן יקד יקוד, רוצה לומר שהיו המאורות מתנוצצים ורצים ומתפשטים ומתגברים בכל חזק גדול, ולא היה להם הכנה לעמוד ולהתישב עד שיצא מהם צווח, והצווח הוא הרוח שהוא פחות מהבל, והבל כלול בו, והוא בקול, וזהו רוח הקודש, עד שנעשה בו חלקים השנים בשביל המאורות שהיו נובעים מהם, ושם המקום הא' אהו"י אהו"י (נ"א והוא הקדמון ושם השני הו"י) נשארו חלקים כ"ד, הא' נעשו ממנו עשרה מקורות, הב' ה' מקורות, הג' ששה מקורות, והד' ה' מקורות. ונעשה להם זה הסימן, וזה הסימן נקרא שם המפורש ידו"ד, ואלו ד' אותיות נחלקו לע"ב אותיות, ולכן נקרא ד' אותיות שם המפורש מפני שהם עיקר ע"ב, עיקרן מתערבין אלו באלו:

§ 23 - Sache que l'Éther primordial provient de l'éther dont nous avons parlé. C'est la première source. C'est le feu qui consume le feu. Ce feu possède vingt-six sources, et toutes ces sources sont incluses en lui. Aucune créature ne peut connaître son intégralité originelle. Ces sources ont vibré et ont été extraites ensemble jusqu'à ce qu'elles soient toutes devenues une source unique. Quand elles ont été réunies, il est devenu clair qu'il y avait une source verte et une seconde bleu azur. Puis la source verte a augmenté et cet Éther a étincellé et a continué à tourner et briller jusqu'à ce qu'il ait formé en elle l'imagination (*dimion*) d'une fente. De cette fissure a jailli, augmenté et brillé une source bleu azur. Dans cette source bleu azur issue de la fente émergèrent deux sources. La première source est issue de L'Éther primordial, et c'est la source verte, la seconde c'est source bleu azur.

La première source qui a émergé de la « Lumière obscurcie par la Lumière », c'est l'Éther primordial. Ainsi, la source qui a émergé de celui-ci est appelé *Hashmal*. Quand elle est apparue, l'Éther s'est fendu, et de cette fente est sortie la Voix. Cette voix s'est diffusée et a augmenté jusqu'à ce qu'il devienne 26 000 milliers de milliers et une myriade de myriades d'aspects de la Lumière. De la Lumière émergea le *Zohar* et du *Zohar* sorti le *Ziv* (radiance) et du *Ziv* une lumière issue d'une flamme ardente. C'est-à-dire que les lumières produisirent des étincelles, des pulsations qui se propagèrent, et croissèrent avec une immense force. Il n'était possible de se maintenir sur aucune d'elles, ni se reposer, jusqu'à ce que jaillit un hurlement. Ce hurlement, c'était la *Rouah* qui était la plus modeste de toutes et toutes furent incluses en elle. Cela fut dans la Voix. C'est l'Esprit-Saint. En définitive, vingt-six parties furent formées. Deux d'entre elles correspondent aux lumières qui jaillissaient d'elles. Le nom de la première source *Éhoui* et le nom de la seconde est *Havi*. Il reste vingt-quatre parties. Ces vingt-quatre ont été formées en quatre sections. De la première ont été formées dix sources, cinq de la deuxième, six sources de la troisième et cinq de la quatrième. De celles-là ont été formés le symbole qui est appelé le *Shém ha Meforash*. C'est *Yhwh*. Ces quatre ont été réparties en 72 lettres. C'est pour cette raison que ces quatre lettres, *Yhwh*, sont le *Shém haMéforash*, car elles représentent le principe-racine des 72 lettres, et le principe de base des 72 lettres leur est intrinsèquement attaché.

ודע כשנברא הע"ב אותיות נעשה חשמ"ל מלבוש להם, והוא מתעטף בהם והם
מתעטפים בו, וכללם בחשמל והחשמל בכללם, והחשמ"ל והמאורות היו עטופים
באותיות, והאותיות פורחות בתוך החשמל, והזיו והזוהר מתגברים, והניצוצים
מתנוצצים, והרוח הקודש מחופף, והאור מתנוצץ, והבהיר מזהיר, והזיו נוהר,
והנוהר קדוש, והקידוש קדוש, ומן הקדוש רוח, והרוח מתעטף בקדושה, והקדוש
ברוח, על זה ועל זה נקרא רוח הקודש:

§ 24 - Sache que lorsque les 72 lettres furent créées, le
Ḥashmal fut formé comme un vêtement pour elles. Il est
masqué en elles et elles sont masqués en lui. Elles sont toutes
incluses dans le *Ḥashmal* et le *Ḥashmal* est inclus en chacune
d'entre-elles. Le *Ḥashmal* et les miroirs sont masqués dans les
lettres et les lettres s'épanouissent au milieu du *Ḥashmal*. Le
Ziv et le *Zohar* se renforcent. Les étincelles scintillent.
L'Esprit Saint est préservé. La *lumière* brille, le *Bahir*
resplendit, le *Ziv* luit et la lueur est sanctifiée. La sainteté
sanctifie. De la sainteté vient la *Rouaḥ*. La *Rouaḥ* est masquée
dans la sanctification et la sanctification dans la *Rouaḥ*. C'est
pour cela qu'on l'appelle *Rouaḥ haQodésh* (Esprit Saint).

BIBLIOGRAPHIE DE L'AUTEUR

- *Spiritualité de la Kabbale,* 1986 (épuisé).
- *Kabbale et destinée,* 1986/1994 (épuisé).
- *Lumières sur la Kabbale,* 1989 (épuisé).
- *Kabbale extatique et Tsérouf : Techniques de méditation des anciens kabbalistes,* 1993.
- *Vie mystique et Kabbale pratique : Angéologie et pratiques théurgico-magiques dans le Shiour Qomah, la Merkavah et la Kabbalah Maâssith,* 1994.
- *Le Séfer Yetsirah : Le Livre kabbalistique de la Formation,* 1995.
- *Le Grand-Œuvre de Jonas : Traduction du Séfer Yonah commentée à la lumière de la Kabbale et de l'Alchimie,* 1996.
- *L'Alphabet hébreu et ses symboles : Les 22 Arcanes de la Kabbale,* 1997.
- *La Voix du corps : Introduction à la Bioherméneutique, Sagesse thérapeutique des kabbalistes,* 2002.
- *Paroles de nombres : Méthode simple et pratique de décodage des mots et des noms par leurs équivalences numériques, 2003.*
- *Abécédaire du Langage des Animaux - Symboles, messages et influences,* 2004.
- *Dictionnaire encyclopédique de la Kabbale : Kabbale, kabbalistes, livres et terminologie,* 2005.
- *Les mystères de la dent, en collaboration avec Gérard Athias,* 2009.
- *La Voix des maux : Les messages des maladies dévoilés par leurs racines hébraïques,* 2010.
- *Le Trône de Joie : Vers la Présence et la réintégration de la Joie sans Cause,* 2015.
- *Kabbale et couleurs : Les mystères des nuances de la Lumière,* 2016.
- *Le coffret ABC des Lettres hébraïques - Le livre + les 22 cartes d'Othioth,* 2017.
- *Aboulâfia – La Quête du kabbaliste, Roman biographique,* 2019.
- *La kabbale à la lettre - Épistoles 2013 à 2019.*
- *Racines hébraïques usuelles : Morphèmes bilitères et trilitères de l'hébreu,* 2020.
- *Dictionnaire de Guimatria : Valeurs numériques des termes hébraïques en usage dans la Kabbale et la spiritualité,* 2020.
- *Guélyana, l'Apocalypse dévoilée : Le Livre de l'Apocalypse à la lumière de ses sources araméennes,* 2021.
- *La Kabbale à la lettre, épistoles de 2020 à 2021.*
- *Le Verger des paraboles – Tome I,* 2023.
- *Les sefiroth, symboles et attributs,* 2023.
- *Les 72 noms du Nom : Les mystères du Shém haMeforash,* 2023.
- *Conversations sefirotiques,* 2023.
- *Éclats d'Infini,* 2023.
- *Éclats de Silence,* 2023.
- *Le Kabbaliste et l'Orchidée,* 2024.
- *Les Mondes de la Kabbale,* 2024.

Traductions de l'hébreu effectuées par Georges Lahy

- *Les Portes de la lumières, Shaâréi Orah, Joseph Gikatilla*, 2003.
- *Le livre des paraboles, Séfér hamashlim, Joseph Gikatilla*, 2022.
- *Ésh metsaréf, le feu de l'alchimiste – Traduction et annotations*, 2006.
- *Les Assemblées initiatiques du Zohar – Traductions et annotations*, 2006.
- *Le Livre du Signe, Séfer haOth*, Abraham Aboulâfia, *2007*.
- *La Lampe divine, Nér Élohim*, Abraham Aboulâfia, *2008*.
- *Divorce des Noms, Guét ha-shémoth*, Abraham Aboulâfia, *2009*.
- *Vie du Monde à venir, Ḥayyé haÔlam haBa*, Abraham Aboulâfia, *2019*.
- *Le Livre du Désir, Séfér haḤéshék*, Abraham Aboulâfia, *2023*.
- *Le Jardin clos, Gan Naoûl*, Abraham Aboulâfia, *2024*.
- *Épîtres pour Abraham et Judah – Shevâ netivoth haTorah & VeZoth LiYehoudah*, Abraham Aboulâfia, *2024*.
- *Textes de la Kabbale provençale médiévale : Le Livre de la Contemplation et le Livre de la Source de Sagesse*, 2019.
- *Péréq Shirah : Ode à la Création*, 2019.
- *Les Portes de la Justice : Shaâréi Tséddéq*, Nathan ben Saâdiah Harrar, *2021*.

Traductions des livres de Georges Lahy

Anglais

- *The Work of Jonah: The Book of Jonah according to Kabbalah*, 2020.
- *Abulafia – The Kabbalist's Quest*, 2023.

Italien

- *Sepher Yetzirah. Il libro della formazione*, 2006.
- *L'alfabeto ebraico. I ventidue arcani della qabalah*, 2008.
- *La voce del corpo, la saggezza terapeutica dei cabbalisti*, 2009.
- *Qabalah estatica e Tseruf*, 2012.
- *Il trono della gioia*, 2017.
- *Esh Metsaref. Il fuoco dell'alchimista*, 2014.
- *Abulafia : La ricerca del cabalista*, 2019.
- *Vita mistica e Cabala pratica: Angelologia e pratiche teurgico-magiche nel Shi'ur Qomah, nella Merkavah e nella Qabalah Maassith*, 2020.
- *Le radici delle malattie: I messaggi delle malattie rivelati dalle loro radici ebraiche*, 2020.

Espagnol

- *Los 22 Arcanos de la Kabbalah : Los Símbolos de las Letras Hebreas*, 2006.
- *Kabbalah Extática y Tseruf : Técnicas de meditacion de los antiguos cabalistas*, 2011.
- *La Vos del cuerpo*, 2009.